国家宏观战略中的关键性问题研究丛书

我国产业链安全战略研究

黄汉权 王 君 等◎著

科学出版社
北 京

内 容 简 介

近年来，产业链供应链安全成为世界各国决策层和学术界关注的重大热点问题。保障产业链供应链安全稳定是我国立足新发展阶段、贯彻新发展理念、构建新发展格局、推动高质量发展、统筹发展与安全的内在要求和必然选择。本书从理论层面对产业链安全内涵、影响因素、评价方法和指标体系进行了梳理分析，从实证层面对全球产业链演变、我国产业链发展现状、部分国家供应链安全战略及保障我国产业链安全的思路与对策进行了深入研究，并以集成电路、新能源汽车、人工智能、特种钢等四个产业为案例进行产业链风险评估和剖析。

本书坚持理论联系实践，侧重于应用研究，既可为相关政府部门决策提供参考，也对经济学领域的研究人员、学生以及行业从业人员开展研究和决策有所帮助。

图书在版编目(CIP)数据

我国产业链安全战略研究/黄汉权等著. —北京：科学出版社，2023.2
（国家宏观战略中的关键性问题研究丛书）
ISBN 978-7-03-071256-1

Ⅰ.①我… Ⅱ.①黄… Ⅲ.①产业链–安全管理–研究–中国 Ⅳ.①F269.23

中国版本图书馆 CIP 数据核字(2022)第 000857 号

责任编辑：马 跃／责任校对：宁辉彩
责任印制：张 伟／封面设计：有道设计

科学出版社 出版
北京东黄城根北街 16 号
邮政编码：100717
http://www.sciencep.com
北京中科印刷有限公司 印刷
科学出版社发行 各地新华书店经销
*
2023 年 2 月第 一 版 开本：787 × 1092 1/16
2023 年 4 月第三次印刷 印张：10 1/2
字数：211 000

定价：112.00 元
（如有印装质量问题，我社负责调换）

丛书编委会

课题组成员

课题主持人：

黄汉权　　国家发展和改革委员会价格成本调查中心主任、研究员、博士生导师

王　君　　国家发展和改革委员会产业经济与技术经济研究所研究员

课题组成员：

洪群联　　国家发展和改革委员会产业经济与技术经济研究所主任、研究员

盛朝迅　　国家发展和改革委员会宏观经济研究院决策咨询部研究室主任、研究员

张义博　　国家发展和改革委员会产业经济与技术经济研究所副主任、副研究员

杨　威　　国家发展和改革委员会产业经济与技术经济研究所副主任、副研究员

徐建伟　　国家发展和改革委员会产业经济与技术经济研究所副主任、副研究员

王海成　　国家发展和改革委员会产业经济与技术经济研究所副研究员

李红宇　　国家发展和改革委员会产业经济与技术经济研究所副研究员

李子文　　国家发展和改革委员会产业经济与技术经济研究所副研究员

王学昭　　中国科学院文献情报中心情报研究部主任、研究员

韩　涛　　中国科学院文献情报中心科技管理处处长、研究员

陈小莉　　中国科学院文献情报中心副研究员

王燕鹏　　中国科学院文献情报中心助理研究员

李姜元鸿　北京易创新科信息技术有限公司总经理

丛 书 序

习近平总书记强调，编制和实施国民经济和社会发展五年规划，是我们党治国理政的重要方式[①]。“十四五”规划是在习近平新时代中国特色社会主义思想指导下，开启全面建设社会主义现代化国家新征程的第一个五年规划。在“十四五”规划开篇布局之际，为了有效应对新时代高质量发展所面临的国内外挑战，迫切需要对国家宏观战略中的关键问题进行系统梳理和深入研究，并在此基础上提炼关键科学问题，开展多学科、大交叉、新范式的研究，为编制实施好“十四五”规划提供有效的、基于科学理性分析的坚实支撑。

2019 年 4 月至 6 月期间，国家发展和改革委员会（简称国家发展改革委）发展战略和规划司来国家自然科学基金委员会（简称自然科学基金委）调研，研讨“十四五”规划国家宏观战略有关关键问题。与此同时，财政部政府和社会资本合作中心向自然科学基金委来函，希望自然科学基金委在探索 PPP（public-private partnership，政府和社会资本合作）改革体制、机制与政策研究上给予基础研究支持。审计署电子数据审计司领导来自然科学基金委与财务局、管理科学部会谈，商讨审计大数据和宏观经济社会运行态势监测与风险预警。

自然科学基金委党组高度重视，由委副主任亲自率队，先后到国家发展改革委、财政部、审计署调研磋商，积极落实习近平总书记关于“四个面向”的重要指示[②]，探讨面向国家重大需求的科学问题凝练机制，与三部委相关司局进一步沟通明确国家需求，管理科学部召开立项建议研讨会，凝练核心科学问题，并向委务会汇报专项项目资助方案。基于多部委的重要需求，自然科学基金委通过宏观调控经费支持启动“国家宏观战略中的关键问题研究”专项，服务国家重大需求，并于 2019 年 7 月发布“国家宏观战略中的关键问题研究”项目指南。领域包括重大生产力布局、产业链安全战略、能源安全问题、PPP 基础性制度建设、宏观经济风险的审计监测预警等八个方向，汇集了中国宏观经济研究院、国务院发展研究中心、北京大学等多家单位的优秀团队开展研究。

该专项项目面向国家重大需求，在组织方式上进行了一些探索。第一，加强

① 《习近平对“十四五”规划编制工作作出重要指示》，www.gov.cn/xinwen/2020-08/06/content_5532818.htm，2020 年 8 月 6 日。

② 《习近平主持召开科学家座谈会强调 面向世界科技前沿面向经济主战场 面向国家重大需求面向人民生命健康 不断向科学技术广度和深度进军》（《人民日报》2020 年 9 月 12 日第 01 版）。

顶层设计，凝练科学问题。管理科学部多次会同各部委领导、学界专家研讨凝练科学问题，服务于“十四五”规划前期研究，自上而下地引导相关领域的科学家深入了解国家需求，精准确立研究边界，快速发布项目指南，高效推动专项立项。第二，加强项目的全过程管理，设立由科学家和国家部委专家组成的学术指导组，推动科学家和国家部委的交流与联动，充分发挥基础研究服务于国家重大战略需求和决策的作用。第三，加强项目内部交流，通过启动会、中期交流会和结题验收会等环节，督促项目团队聚焦关键科学问题，及时汇报、总结、凝练研究成果，推动项目形成“用得上、用得好”的政策报告，并出版系列丛书。

该专项项目旨在围绕国家经济社会等领域战略部署中的关键科学问题，开展创新性的基础理论和应用研究，为实质性提高我国经济与政策决策能力提供科学理论基础，为国民经济高质量发展提供科学支撑，助力解决我国经济、社会发展和国家安全等方面所面临的实际应用问题。通过专项项目的实施，一方面，不断探索科学问题凝练机制和项目组织管理创新，前瞻部署相关项目，产出“顶天立地”成果；另一方面，不断提升科学的经济管理理论和规范方法，运用精准有效的数据支持，加强与实际管理部门的结合，开展深度的实证性、模型化研究，通过基础研究提供合理可行的政策建议支持。

希望此套丛书的出版能够对我国宏观管理与政策研究起到促进作用，为国家发展改革委、财政部、审计署等有关部门的相关决策提供参考，同时也能对广大科研工作者有所启迪。

侯增谦

2022 年 12 月

前　言

近年来，受逆全球化、贸易保护主义抬头、中美贸易摩擦、俄乌冲突以及新冠疫情等诸多因素影响，全球产业链供应链的稳定运行受到冲击，产业链供应链安全成为各国关注的重大问题，也是学术界讨论和研究的热点话题。我国作为世界第一制造业大国和全球供应链的重要节点，全球产业链供应链变化势必对我国经济发展和产业链安全产生重大影响。增强我国产业链供应链自主可控能力，保障产业链供应链安全稳定，是立足新发展阶段、贯彻新发展理念、构建新发展格局、推动高质量发展、统筹发展与安全的内在要求和必然选择，加强产业链安全战略研究意义重大、恰逢其时。

2020 年，受国家发展改革委发展战略和规划司委托，在国家自然科学基金的资助下，国家发展改革委产业经济与技术经济研究所联合中国科学院文献情报中心、北京易创新科信息技术有限公司组建课题组，联合开展我国产业链安全战略研究。课题组克服了新冠疫情给研究工作带来的不利影响，经过一年的努力，按时完成了研究任务。研究成果包括 1 个总报告、5 个专题报告、4 个行业报告、2 个综述报告和 5 篇形势专报。课题组对产业链安全进行了多角度、多维度研究，研判发展态势，分析潜在影响，剖析短板弱项，提出对策建议。课题成果被国家相关部门采纳，为国家宏观决策提供了重要参考，并在国内外刊物上发表数十篇文章。

本书是在课题研究成果的基础上编撰完成的，主要内容包括：系统阐述了产业链安全提出的时代背景，对产业链安全概念内涵进行了界定，厘清了产业链和供应链、产业安全和产业链安全等相关术语的异同点，分析了全球产业链变化趋势以及对我国的影响，构建了产业链安全评价指标体系和方法，评估我国产业链安全状况和存在的问题，并以集成电路、新能源汽车、人工智能、特种钢等产业为案例，从行业层面进行深入剖析。根据评估情况和存在的问题，借鉴世界部分国家的经验教训，提出保障我国产业链安全的总体思路和对策建议。

本书由黄汉权、王君负责总体框架设计和统稿，杨威负责排版编辑，杨祥雪、周婉冰负责审稿和校对。本书篇章结构和各章撰写人员分别是：全书分为理论篇、对策篇和案例篇，第一章和第二章为理论篇，第一章由王海成执笔；第二章由张义博、黄汉权执笔；第三章至第六章为对策篇，第三章由徐建伟、黄汉权执笔，

第四章由杨威、李红宇执笔，第五章由洪群联、李子文执笔，第六章由盛朝迅、黄汉权执笔；第七章至第十一章为案例篇，由陈小莉、王学昭、王燕鹏、韩涛执笔；李姜元鸿提供产业知识图谱相关技术支持。课题研究得到国家发展改革委发展战略和规划司、国家自然科学基金委员会的大力支持，郭克莎、吴晓华、梁正等专家学者也给予了指导，在此一并表示感谢。

限于我们的研究水平，加上受到新冠疫情影响，没有能够开展更加深入的调研和充分讨论，书中难免存在不足之处，敬请批评指正！

课题组

2022 年 8 月

目　录

理　论　篇

对　策　篇

理　论　篇

第一章

产业链安全研究文献综述

一、产业链安全相关概念的梳理

（一）产业链

追根溯源，产业链的思想最早来自古典经济学家亚当·斯密关于“制针”的分工论述，经由贝恩、赫希曼、马歇尔等不断发展。他们关于这个问题的相关研究旨在说明某个产业的变化对相关联产业的影响，但并没有明确提出产业链这个概念，更不用说对其内涵进行界定了。

产业链的概念是国内学者于 20 世纪 80 年代提出来的，当时学术界重点关注产业关联分析，对产业链的研究相对较少。关于产业链的研究，当时比较有代表性的学者为杨沐和黄一义（1986），他们提出“重视按产业链的内在联系整体地协调发展，如形成贸工农的一条龙来发展出口拳头产品，形成引进、消化、吸收的一条龙来加快技术进步，形成城乡规划、房屋建设开发、建材工业、家用设备工业生产的一条龙来加快改善我国城乡居民的居住条件，形成运输规划、运输基础设施建设、运输车辆和船舶、飞机生产的一条龙来迅速提高落后的运输能力”，并呼吁“鼓励部门之间加强横向联系，跳出狭隘的部门观念，从产业链的思路提出较好的政策建议，形成一些产业政策的暂行条例”。宋任生等（1986）认为，“在商品横向联系的大趋势中，以地域为特征的企业群落或以产品为中心的企业集团正在猛烈冲击传统的行业结构，因此组建产业链式结构势在必行”。真正将产业链作为专门的研究对象进行系统研究则是 2000 年以来（图 1-1）。

国内关于产业链的概念，不同学者分别从微观层面、中观层面和宏观层面论述了产业链的内涵与定义。归纳起来，大致可以分为价值链与供应链、战略联盟关系、产业关联、产业分工等四个视角。

（1）价值链与供应链角度。芮明杰和刘明宇（2006）认为产业链描述的是厂商内部和厂商之间为生产最终交易的产品或服务所经历的增加价值的活动过程，

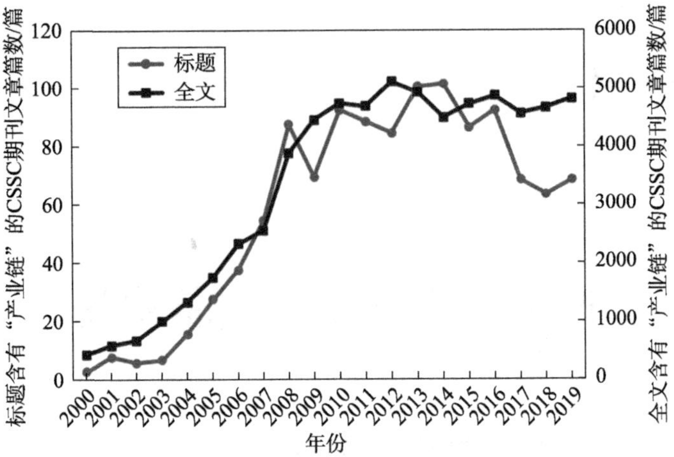

图 1-1 2000 年以来国内关于"年份产业链"研究的学术文章发表情况

它涵盖了商品或服务在创造过程中所经历的从原材料到最终消费品的所有阶段。吴金明和邵昶（2006）认为产业链是基于产业上游到下游各相关环节，由供需链、企业链、空间链和价值链这四个维度有机组合而形成的链条。卢明华和李国平（2004）认为，围绕服务于某种特定需求或进行特定产品生产（及提供服务）所涉及的一系列互为基础、相互依存的上下游链条关系就构成了产业链。从现代工业的产业链环节来看，一个完整的产业链包括原材料加工、中间产品生产、制成品组装、销售、服务等多个环节，不同环节上有不同的参与角色，发挥着不同的作用，并获得相应的利益。郁义鸿（2005）认为产业链是在一种最终产品的生产加工过程中——从最初的自然资源到最终产品到达消费者手中——所包含的各个环节所构成的整个的生产链条。在产业链中，每一个环节都是一个相对独立的产业，因此，一个产业链也就是一个由多个相互连接的产业所构成的完整的链条。许基南（2007）认为产业链主要是指产业价值链，而价值链是指企业创造价值的过程可以分解为一系列相互关联的经济活动，包括内部后勤、生产作业、外部后勤、市场和营销、服务等五种基本活动，以及采购、技术开发、人力资源管理、企业基础设施等四种辅助活动。

（2）战略联盟关系角度。蒋国俊和蒋明新（2004）认为产业链是指在一定的产业集群区内，由某个产业中具有较强国际竞争力的企业带领，与其他相关产业中的中小企业结成的一种战略联盟关系。从表面上看这种观点并没有涉及产业间的经济联系，但建立战略联盟关系的过程含着企业间的经济关联。刘贵富和赵英才（2006）认为产业链是在一定地域范围内，同一产业部门或不同产业部门某一行业中具有竞争力的企业及其相关企业，以产品为纽带按照一定的逻辑关系和时空关系，联结成具有价值增值功能的链网式企业战略联盟。

（3）产业关联角度。卢明华和李国平（2004）认为构成产业链的各个组成部分是一个有机的整体，相互联动、相互制约、相互依存，它们在技术上具有高度的关联性，上游产业（环节）和下游产业（环节）之间存在着大量的信息、物质、价值方面的交换关系，且它们之间具有多样化的链接实现形式。刘志彪（2019）认为，产业链指的是国民经济各个产业部门之间客观形成的某种技术经济联系。由于这种联系往往像机械系统的链条一样耦合在一起，因此人们把它们形象地说成“产业链”。一条产业链往往涵盖了产品或服务生产的全过程，从原材料生产开始，到技术研发、产品设计、中间品制造、终端产品装配乃至流通、消费和回收循环等许多环节。盛朝迅（2019）认为产业链是指各个产业部门之间基于一定的技术经济联系而客观形成的链条式关联形态，包含价值链、企业链、供需链和空间链四个维度，是“过程论”“价值论”“组织论”的统一，是一种介于市场与企业之间的新型产业组织结构与形态，涵盖产品生产或服务提供的全过程，包括原材料生产、技术研发、中间品制造、终端产品制造乃至流通和消费等环节，是产业组织、生产过程和价值实现的统一。

（4）产业分工角度。李靖和魏后凯（2007）认为产业链是基于分工经济的一种产业组织形式，包括从供应商到制造商再到分销商和零售商等所有加盟的节点企业，强调相关产业或企业之间的分工合作关系。刘明宇和翁瑾（2007）认为产业链在本质上是以知识分工协作为基础的功能网链，通过知识的分工和知识共享创造递增报酬，为顾客创造价值，产品的生产联系和由此产生的物质流动只是产业链的外在表现形式。随着迂回生产链条的延长，生产分工从企业内部扩展到企业外部，生产协作由企业内部的权威协调发展到企业间的分工协作，产业链是分工深化的结果。杨蕙馨等（2007）认为产业链中分工制度安排包括企业分工、准一体化契约分工和市场分工，成本与收益的变化及其比较是决定分工制度安排选择的主要因素。

尽管四个视角对产业链的定义有所不同，但它们存在以下共识：产业链是建立在劳动分工与协作基础上的，它包含了产业上下游之间从原料到消费者的完整过程，上下游企业之间因技术联系或投入产出关系而相互连接。我们认为产业链是不同生产环节企业选择分工专业化生产后，基于一定的技术经济联系或投入产出关系，客观形成的链网式关联形态。判断是否形成产业链的关键是产业间有形物质产品或无形的技术、服务贸易形成的“链接”和“衍生”关系。没有这种关系很难形成联系或者即使形成了联系但是也很脆弱，也就谈不上产业链了。

（二）产业安全

产业安全的思想可以追溯到 18 世纪、19 世纪美国汉密尔顿和德国李斯特提出的幼稚产业保护理论。二战后，一些发展中国家为应对发达国家的激烈竞争和安全威胁，提出了一系列旨在保护本国产业安全的新理论。在产业安全观的发展演变过程中，存在着强调竞争力和强调控制力两大基本内容取向，产业竞争力是产业安全的基本前提和内在核心；产业控制力是产业安全的最终归宿和外因保证（杨国亮，2010）。一般而言，发达国家基于自身领先优势，推行偏重以竞争力为主要目标、控制力为辅助目标的产业安全策略，而发展中国家则立足于经济相对落后的现实，推行偏重以控制力为主要目标、竞争力为辅助目标的产业安全策略。

中国学者对产业安全问题的研究始于20世纪90年代，进入21世纪，特别是加入WTO以来，在国内学者的相关研究中，产业竞争力和产业控制力这两大基本视角也都得到了强调。中国产业安全观的发展演变和流派区别，实际上可以认为是世界产业安全观发展演变基本范式在当代特殊身份和时代背景中的具体映射和有机综合。目前，"产业安全"的定义主要有如下三种较具代表性的观点。

（1）产业控制力。产业控制力比较有代表性的观点，如于新东（2000）认为一国对某一产业的创始、调整和发展，如果拥有相应的自主权或称控制权的话，即可认定该产业在该国是安全的。创始权指的是国家对某产业的出现或生成以及形成规模的相应权力；调整权指的是为适应本国社会尤其是经济、技术的变化，有时也是为适应世界经济、国际贸易和国际技术结构的变化而对某产业做出相应调整的能力与由此拥有的权力；发展权指的是各国拥有相同产业，特别是该产业水平又大致相似时，如果某国能在该产业的未来发展中使本国的这一产业较大地领先于别的国家，并由此取得该产业在国际竞争中的优势地位，则可认为该国拥有对该产业的竞争制高权。何维达（2001）认为产业安全问题最主要是由外商直接利用其资本、技术、信息、管理、营销等方面的优势，通过合资、直接收购等方式控制国内企业，甚至控制某些重要产业，由此而产生对国家经济安全的威胁。

（2）产业竞争力。赵世洪（1998）认为国民产业安全的定义是一国的国民产业在国际产业竞争中为得到对外开放带来的产业权益总量而让渡最小的产业权益份额，在让渡一定国民产业权益份额的条件下得到由对外开放引致最大的国民产业权益总量。简单地说，就是要在国际竞争中达成国民产业权益总量和其在国内份额的最佳组合。许铭（2005）认为，产业安全作为国家经济安全的重要组成部分，指的是在开放条件下，一国产业抵御外来干扰或威胁并不断获得持续发展的状态。产业安全在很大程度上体现了本国产业的主导地位与竞争力，是一国产业综合素质在不同发展阶段的集中反映。金碚（2006）认为产业安全问题归根到底是产业竞争力问题，一个国家竞争力强的产业一般不会存在产业安全问题，而与是否是高新技术产业还是自主产业关系不大，只要这个产业比较弱就会有安全问题。

（3）抵御和抗衡能力。夏兴园和王瑛（2001）认为，国家产业安全是指一国产业对来自国内外的不利因素具有足够的抵御和抗衡能力，能够保持各产业部门的均衡协调发展。具体表现为：一是国家的经济命脉是否被外资控制，即外资进入关键产业的深度和广度是否保持在一个合理的范围内；二是国内市场结构状况，这是影响一国产业安全的重要因素，主要指外国企业占有特定市场份额的大小，通过对国内市场结构状况进行分析，可以度量一个国家某一特定行业内本国企业的发展前景，并进一步度量一国政府对国民经济命脉的控制能力；三是产业结构安全。从经济长期发展、综合国力提高和国际竞争力增强等整体角度而言，国民经济应保持整体结构的合理性。雷家骕（2011）认为在开放的市场经济条件下，产业安全的核心就是制造业安全，而制造业安全首先是指制造业领域的利益不受侵犯，其次还指通过合理发展制造业而保证国家整体经济安全。张丽莉和赵善琛（2020）认为在开放经济条件下，一国对本国战略产业有自主权或控制权，且对来自国内外不利因素具有足够的抵御和抗衡能力，则可认定该产业在该国是安全的。曹萍等（2017）认为产业安全的基本内涵应包含抵御威胁和持续发展两个方面，即一个产业在一定时期内能够抵御外来各种因素的威胁，并且能够持续发展的状态。抵御威胁指产业在运行过程中，能够对遭受到的现实损害及未来风险进行有效应对，保证本国产业的生存不受威胁。

根据上述定义，我们对产业安全的概念做出如下界定：在开放经济背景下，特别是在国际产业竞争中，一国重要产业的生存与发展不受各种威胁，即该国国民对这些产业拥有相应的自主权、控制权和发展权，从而在竞争中达成国民产业权益总量和其在国内份额的最佳组合，使本国国民现有的或潜在的产业权益免受危害的状态和能力。

（三）产业链安全

从已有文献来看，关于产业链安全的研究成果不多。

王健等（2017）认为产业链安全是指在产业链发展中，以节约为原则，以技术创新为手段，以经济合理性为准则，为提高资源生产率和再生利用率，保证投入产出的关系稳定，能经得起资源枯竭、市场变化等考验，能够实现产业链各环节经济效益的共赢的一种产业发展模式。产业链安全包括以下几个方面的内涵：第一，产业链中的产业必须是安全的，即这些产业的结构合理，满足可持续发展的要求，且各产业间的关系和谐融洽；第二，在市场贸易和区域竞争中能积极应对来自生存和发展方面的威胁并在创造经济效益的同时，能够创造一定的社会效益；第三，必须是一种生态的产业链，能够在创造经济效益的同时，创造一定的生态效益，实现保护生态环境的目的；第四，必须是一种节约的产业链，提高资源生产率和再生利用率。

赵福军（2019）认为产业链安全是指产业链各环节没有价格风险、供应风险、质量风险、技术风险和行为风险等各种风险。根据产业链面临的风险大小，将产业链安全与风险状态分为产业链绝对安全、相对安全和相对风险、绝对风险四种状态。产业链绝对安全是指，产业链不受外部冲击，产业链没有价格、供应、质量、技术和行为等风险；产业链绝对风险是指，在经济全球化背景下，产业链受外部影响较大，产业链面临较大的价格或供应、质量、技术和行为等风险；介于产业链绝对安全、绝对风险之间的两种中间状态，就是产业链相对安全和相对风险。产业链相对安全是指，尽管产业链面临价格或供应、质量、技术和行为等风险，但仍相对安全。产业链相对风险是指，产业链面临一定的价格或供应、质量、技术和行为等风险。

李然和李文兴（2018）认为从产业内部（纵向）层面上来看，产业安全链可以分为产业组织安全链与产业关联安全链。产业组织安全链是指处于产业链中的产业，整合上游生产原料、中游生产资料、下游销售渠道的生产组织安全链条。依据产业组织理论将产业组织安全链分为三部分：产业供应链安全、产业制造链安全、产业销售链安全。供应链安全要求生产资料有量、有价、有序供应。制造链安全按照企业的生产经营活动来进行划分，包括企业生产活动、管理活动、研发活动以及资本活动，对影响这些生产经营活动安全的因素进行分析，在研发活动与生产活动中，考虑产业竞争力与创新力，在管理活动与资本活动中考虑产业的控制力与对外依存度的影响力。销售链安全同样要保证商品有量、有价、有序地销售。产业关联安全链是指在产业链里，上中下游产业之间相互关联，生产资料与最终产品相互流通的安全保障链条。产业链中的产业关联是通过生产资料与最终产品的流通来实现的，既表现为商品与劳务运输的形式，也可以表现为技术交流、股权交易的形式。

国外关于产业链的研究使用的是与产业链相近的概念，即供应链。供应链管理来源于企业管理，早期研究将供应链管理视为物流管理的近义词或延伸，现代信息技术的迅速普及应用促使供应链由传统向现代演变。随着跨国公司供应链的全球布局，供应链管理受到国家重视，很多国家把供应链管理上升到国家战略层面，明确提出供应链安全战略。国外研究主要以企业或行业为研究对象，通过对供应链的上下游进行分析，评价供应链的安全性（Hintsa et al.，2009）。供应链是以核心企业为中心，通过对商流、信息流、物流、资金流的控制，从采购原材料开始，到制成中间产品以及最终产品，最后由销售网络把产品送到消费者手中的功能网链结构。供应链全球化确实有助于获得供应商提供的更有竞争力的价格和充足且稳定的产能（Roth et al.，2008），但也会扩大供应链的地理规模和延长生产周期，使供应链面临更多的外部风险（Sarathy，2006）。近年来流行的库存精细化管理也使整个供应链更多暴露在外部风险之中，精细化管理的目的是通过减少库存来降低供应链中的冗余，一旦供应链发生意外事件，其负面影响也将被放大（Tang and Musa，2011）。

总的来说，我们认为既有研究尚未基于产业组织理论对产业链安全的理论依据进行深入分析，也未能从理论上深入回答保障产业链安全的必要性和紧迫性。从实践发展看，相比产业安全而言，产业链安全除了要体现本国资本对事关国计民生的产业核心关键环节、支柱产业核心掌控能力外，还要体现在开放环境下，能够应对供应中断风险，确保延伸到国外的产业链条安全。

二、产业（链）安全的影响因素

本节主要结合经济全球化对产业（链）安全的影响，考察影响产业（链）安全的主要因素及其具体作用。这是因为，经济全球化已经成为当今世界经济发展的主旋律，它正以不可阻挡的趋势深刻改变着各国经济和产业发展的环境。从内容上看，经济全球化主要表现为投资自由化和贸易自由化，在全球范围内进行生产要素的最优配置。从本质上看，经济全球化则是一场以发达国家为主导、以跨国公司为主宰的世界范围内的产业结构调整。正是在这种背景下，产业的对外开放不可避免，从而既给产业带来发展机会，也必然给产业（链）带来受冲击的风险，使产业（链）可能处于一种不安全状态。

（一）投资自由化

早期的研究大多使用加总数据考察外商直接投资（foreign direct investment，FDI）对产业安全的影响，主要的发现是外商直接投资对第二产业影响不大甚至还具有促进作用，而对农业是有负向影响的。代表性的研究如陈洪涛和潘素昆（2012）认为外商通常具有资本、管理、技术等方面的优势，它们可凭借这些优势对东道国的某些重要产业进行投资、兼并收购等，达到控制这些产业的目的，进而引发东道国的产业安全问题。他们利用 Feder 模型和相关计量检验发现外商直接投资对我国三大产业的影响呈现较大的差异，对第一产业影响不显著，对第二产业有较大的正向影响，对第三产业呈现负面的影响。王耀中和陈洁（2013）通过构建联立方程模型，发现外商直接投资在一定程度上会对中国商贸服务业的产业安全构成威胁。马述忠等（2013）考察了外资对中国农业研发能力的影响，发现外资在中国农业研发领域会产生负向的溢出效应，不断拉大外资企业与本土企业研发水平的差距，最终形成垄断。他们以种业为例，构建了一个以本土和外资企业为主体的研发能力动态仿真系统，发现外资企业进入后，容易形成寡头垄断或垄断市场，不断冲击本土种子的价格稳定和市场份额；当外资撤出，本土企业种子研发产出和销售利润虽在短期内会有增加，但增幅将明显滑落，说明本土企业受外资撤资冲击的影响较大，本土研发产出呈现对外资的高度依赖，这不利于保障自身的粮食安全。

基于企业层面数据的实证研究，可以得出更为可信的结论。总的来说，没有发现外资进入对本土企业生存产生特别大的冲击。包群等（2015）基于2000～2007年中国微观企业数据，采用生存模型考察外资进入对中国本土企业的存活期限与退出行为的影响，发现虽然外资企业加剧了行业内竞争，从而迫使同行业内资企业更快退出，但也通过与当地企业构建上下游产业关联，为内资企业创造了新的存活机会与市场空间。这一作用也决定了外资进入对内资企业存活的竞争冲击不如普遍预期的剧烈。与国有企业相比，民营企业更有可能与外资企业建立产业关联，从而较好地适应外资冲击。葛顺奇和罗伟（2015）发现跨国公司进入不仅影响生产效率和产出构成等传统变量，还对制造业的工序构成产生直接影响——转移了高劳动力和人力资本密集度的工序，以及间接影响——增加了资本密集度低、劳动力和人力资本密集度高的企业被淘汰的相对概率，促使存续企业更专业化于资本和人力资本密集的工序，总体上提升了制造业中资本和人力资本密集型工序的份额。

相反地，大量研究发现，外资进入对企业的效率提升、利润提高具有显著作用，进而可以认为有助于提升产业安全水平。杨光和孙浦阳（2017）基于国家发展改革委公布的《外商投资产业指导目录》测算了我国约920个四分位行业的外资自由化程度，发现外资自由化有效提高了下游企业的产能利用率。孙浦阳等（2018）指出上游外资管制程度的下降显著地提高了中国贸易福利规模。刘灿雷等（2018）发现外资的大规模进入并未恶化内资企业利润率，反而通过扩大企业生产规模、提升企业管理效率、提升劳动和资本产出率等方式对内资企业利润率产生了显著的正向作用，这种积极作用主要体现在民营企业、内销企业、一般贸易企业、西部地区企业和中等技术行业的企业中。韩超和朱鹏洲（2018）发现外资准入放松显著提升了外商投资份额，并进而提升产品质量及其增速，对内资企业的产品质量提升显著大于对外资企业的影响；加总层面分析发现，外资准入提高了具有高产品质量企业的市场份额，使资源得以优化再配置。李瑞琴等（2018）基于上下游产业关联视角，发现上游服务业外商直接投资会较显著地提升下游企业的出口产品质量，而上游制造业外商直接投资却可能在某种程度上降低下游企业的出口产品质量；同时，分样本看，上游外商直接投资主要显著影响下游非纯加工贸易企业、非国有企业和市场化程度较高地区企业的出口产品质量，而对纯加工贸易企业、国有企业和市场化程度较低地区企业的影响不显著。

（二）贸易自由化

贸易自由化是当前影响各国国际贸易以及经济发展的重要外部环境要素。在经济全球化发展趋势下，贸易自由化不仅影响世界的资源配置，而且影响到国际贸易的发展。国际贸易的快速增长会促进国际分工与交换的深化与拓展，要求要素能在全球范围内自由流动，以求得更有效、更合理的配置。在这种动态的贸易自由化过程中，各国为适应经济全球化的需要，都逐步消除贸易壁垒和歧视性待遇，建立更广阔、更自由的国际贸易环境，最终促进本国产业发展和经济持续增长。但是，由于经济基础与历史背景不同，各国所获得的利益相差很大。对于发展中国家而言，尽管贸易自由化为其提供了扩大对外经贸合作、发挥产业比较优势、加快结构调整的条件，但可能会由于长期经济欠发达且公共教育水平又很低，加之在国际贸易中面临名目繁多的贸易壁垒，大大限制发展中国家出口潜力的发挥，其国民产业往往受到国外的强烈冲击，甚至被剥夺发展现代工业的机会。

代表性的研究发现，贸易自由化带来的中间品和最终品关税下降提高了企业的生存、出口二元边际与出口产品质量升级，据此可以认为贸易自由化有助于提升中国企业在国际市场上的竞争力。关于企业生存，刘海洋等（2017a）发现进口中间品对延长企业生存时间具有显著促进作用，这种促进作用对混合加工贸易的提升效果尤其明显。同时随着使用强度的增加，进口中间品对企业风险的降低作用增强；中间品的技术水平越高，对企业生存概率的改善作用越大。关于二元边际的研究，田巍和余淼杰（2013）使用中国制造企业的生产和贸易数据，发现企业面临的中间品关税的下降显著提高了企业的出口强度，即出口占销售的比例。这主要是因为更低的关税使得企业可以使用更多品种的进口中间品，这一方面提高了企业的利润，降低了企业进入出口市场的门槛，另一方面由于生产出口品的部门能够更有效率地使用进口投入品，其进口成本的下降就促进了生产出口品部门的扩张。毛其淋和盛斌（2014）基于异质性企业贸易的理论框架，发现贸易自由化显著地促进了制造业企业的出口参与度，影响渠道主要是竞争效应与成本效应，其中成本效应对企业出口参与的影响程度相对更大，中国加入世界贸易组织显著地推动了企业的出口参与度，其中对本土企业的推动作用更大，并且加入世界贸易组织主要是通过集约边际的途径影响企业的出口行为。关于出口产品质量的研究，马述忠和吴国杰（2016）发现中间品进口对出口产品质量具有显著的促进作用；对一般贸易中间品进口不具有促进作用，与来料加工中间品进口相比，进料加工中间品进口的促进作用更加显著和稳健。许家云等（2017）发现中间品进口通过“中间产品质量效应”、“产品种类效应”与“技术溢出效应”三个可能的渠道显著促进了企业出口产品质量提升。此外，刘海洋等（2017b）、李秀芳和施炳展（2016）也有类似的发现。

关于贸易自由化对企业效率提升和产业结构升级的研究，基本得出了具有正向促进作用的结论。余淼杰（2010）使用我国1998～2002年制造业企业层面上的面板数据和高度细化的进口数据，发现贸易自由化显著地促进了企业生产率的提高，关税或非关税壁垒的减免对出口企业生产率的影响要比对非出口企业的影响小。简泽等（2014）考察了加入WTO后进口自由化带来的进口竞争对本土企业全要素生产率的影响，发现进口竞争促进了本土企业全要素生产率的上升，阻碍了低效率企业全要素生产率的增长，促进了高效率企业全要素生产率的增长。李建萍和辛大楞（2019）对中国2000～2007年工业企业数据库和海关统计数据库数据合并进行检验，在多元情形的出口-生产率关系下，中国仍然能够从出口中获得行业全要素生产率水平的提升及总贸易利益的增加。余淼杰和智琨（2016）发现中间品关税下降会对本国纯内销企业的利润率产生正向影响。周茂等（2016）发现贸易自由化通过进口竞争效应显著促进了产业结构优化，从而推动了中国产业升级；加入WTO后在激增的进口竞争冲击驱动下，中国的产业升级主要源于资源在城市内产业间的优化再配置；企业动态调整对产业升级有正向作用；非国有企业相对于国有企业、内陆地区企业相对于沿海地区企业在产业升级过程中的表现要显著得多。祝树金等（2019）测度了企业-产品层面的生产要素投入，发现进口竞争显著提升了企业产品出口加成率。

（三）产业政策

产业政策是一国政府为实现某种经济社会目标，从供给角度对产业活动实施经济干预的政策和措施的总和。它一般以一国产业为对象，其实质是政府对产业活动的一种干预，即政府通过对产业推行一系列的政策措施，干预资源在产业间和产业内的配置，并使资源配置方向不同于市场机制引导下的配置方向，进而打造产业的竞争优势。显然，一国的产业政策及制度安排对其产业安全有重要影响，特别是错误的产业政策还会给产业安全带来严重的负面影响。

关于20世纪90年代产业政策的作用评价，代表性的研究如李寿生（2000）。他认为，在产业政策的指导下，90年代我国国民经济总量出现高速发展的同时，基础产业“瓶颈”制约有了很大改善，支柱产业迅速发展，产业结构进一步优化，第三产业在国民经济中的比重大幅提高。

近年来，一些学者基于细分行业的企业数据，开展了产业政策对产业、企业发展正向影响的研究，如宋凌云和王贤彬（2013）整理了中国省份五年规划的重点产业政策信息，发现地方政府的重点产业政策总体上显著提高了地方产业的生产率。余明桂等（2016）利用中央五年规划对一般鼓励和重点鼓励产业规划的信息，采用手工收集的2001～2011年上市公司及其子公司的专利数据，发现产业政策能显著提高被鼓励行业中企业发明专利数量，并且这种正向关系在民营企业中更显著。韩永辉等（2017）实证分析了产业政策对地方产业结构优化升级的影响程度及机制，发现产业政策的出台与实施显著促进了地区产业结构合理化和高度化，产业政策对产业结构优化升级的推进作用高度依赖于地方市场化程度；产业政策对结构优化升级的推进作用还取决于地方政府的能力。孙早和席建成（2015）从发展中国家"实施产业政策具有现实合理性"的前提出发，以"中央与地方"和"地方与企业"两组重要关系为背景，通过一个"多任务委托-代理模型"证明：中国式产业政策的实施效果不仅取决于中央政府赋予地方政府的双重任务目标，同时还取决于不同地区的经济发展水平和市场化进程。

三、产业（链）安全评价标准及指标体系

（一）产业安全的指标体系

何维达和何昌（2002）从产业国际竞争力（贸易专业化系数）、产业对外依存度（产业出口对外依存度和产业资本对外依存度）和产业控制力（产业外资股权控制率）三个维度构建了产业安全指标评价体系，得出中国三大产业的总体安全状态为基本安全的结论。

孙瑞华和刘广生（2006）从产业生存环境（产业融资环境、产业劳动力要素环境、产业市场需求环境、产业技术要素环境）、产业国际竞争力（产业市场竞争力、产业市场集中、产业效益效率、相关产业竞争力、产业投入的进口依存度）、产业对外依存度（产业产出的出口依存度、产业资本对外依存度、产业技术对外依存度）、产业控制力（外资市场控制率、外资品牌控制率、外资股权控制率、外资技术控制率、外资经营决策权控制率、重要企业受外资影响度、受控制企业外资国别集中度）等四个方面提出了产业安全评价指标体系的基本框架。

杨国亮（2010）从产业控制力（外资核心技术专利控制率、外资其他关键要素控制率、外资品牌拥有率、外资市场占有率）、产业竞争力（外资研发投入率、外资关键要素可得率、外资品牌广告投入率、外资营销渠道扩张投入率）、产业发展环境（政府行政管理效率、基础设施完备率、金融市场效率、外资国别集中度）构建了指标体系。

吴英娜和伍雪梅（2011）从产业的生存与发展环境评价指标（资产负债率、国内市场需求规模、税率指数、研发费用占产品销售收入的比重）、产业国际竞争

力评价指标（产业国内市场份额、产业市场集中度、贸易竞争指数、产业劳动生产率、产业链竞争力）、产业控制力评价指标（外资市场控制率、外资股权控制率、产业资本对外依存度）三个层面构建了零售流通产业安全评价指标体系，对开放后的中国零售流通产业安全状况进行了评价分析，发现零售流通业在开放后虽然产业生存与发展环境得到了优化，整体竞争力有了一定的提高，但对产业的控制力减弱。

张淑荣和魏秀芬（2011）从产业竞争力（显性比较优势、贸易竞争力指数、国际市场占有率、劳动生产率、人均产品占有量、产业生产利润率、种棉比较效益）、产业控制力（进口依存度、出口依存度）、产业成长性（单产成长空间、棉花商品率、消费市场增长率、经济发展速度）和市场发展环境（劳动力成本变化、资本成本变化、科技发展水平、政策支撑能力），运用主成分分析法构建了我国棉花产业安全指标体系和评价模型，对 1995～2008 年我国棉花产业安全状况进行了评价，认为我国棉花产业总体处于基本安全状态，但安全度较低。

段一群（2012）从产业国内运行绩效（金融支持效率、综合经济效益指数）、产业国际竞争力（内部市场需求量、国际市场份额、产品出口的对外贸易竞争指数、R&D 投入强度、产业集中度）、产业对外依存度（进口依存度、出口依存度）和产业受控制程度（外资股权控制率、外资市场占有率、外资技术控制）四个方面建立国内装备制造业产业安全的评价指标体系，基于数据包络分析对 1999～2009 年国内装备制造业产业安全的状况及变化趋势进行测度分析，发现我国装备制造业的产业安全度大体呈上升趋势，但波动较大，且 2008 年和 2009 年以外的年份都处于非安全状态。

朱建民和魏大鹏（2013）在产业安全评价体系构建意义和文献资料回顾梳理的基础上，提出了产业竞争力生成能力、产业控制力、产业生态环境、产业竞争力、产业依存度“五因素模型”评价体系。采用层次分析法和熵权法对产业安全指标进行权重设置，并通过功效系数法定量分析我国的产业安全程度的估算值为 53.6，得出其处于“临界状态”的结论，认为我国产业安全存在较大的系统风险。

何维达和杜鹏娇（2013）根据战略性新兴产业的特点和产业安全指标构建原则，从产业国内环境、产业国际竞争力、产业对外依存和产业关联性角度，遴选了 18 个三级指标作为战略性新兴产业安全评价的指标。

袁剑琴（2017）认为在全球价值链的视角下，技术控制力和市场控制力是衡量当前产业安全最重要的两项指标，并从技术控制和市场控制两方面设计了高技术产业安全的指标体系，技术控制指标包括 R&D 经费支出占全国 R&D 经费支出的比例、R&D 强度、财政资金在科技活动经费筹集额中的比重、高新技术企业科技活动人员比例、拥有发明专利数量占全国拥有发明专利量的比重、自主研发专利指数、外资技术控制率、外资技术依存度；市场控制指标包括外资市场控制率、国内市场占有率。

李妍（2018）从产业创新能力（专利授权量、R&D投入度、技术吸收学习能力、资源配置率、产业政策、政府行政能力）、产业竞争力（利润率、劳动生产率、产业国内市场份额、产业国际市场占有率、产业贸易竞争力指数TC、显性比较优势指数RCA）、产业发展能力（技术转化能力、技术竞争力、产业资本环境、产业资源环境、产业分布环境、产业劳动力环境、产业需求环境）、产业恢复能力（资本对外依存度、技术对外依存度、产业链支撑能力、共性技术供给度、企业多样性、产业集中度、产业集聚度）、产业控制力（外资技术控制率、外资市场占有率、外资品牌占有率、资本对外依存度）提出制造业产业安全评价“五因素模型”，采取模糊层次分析法与熵值法相结合的方式对评价指标设置权重，运用功效系数法计算2006～2016年评价数据，实证结果显示中国制造业安全状态有所改善，且总体呈现好转趋势，但处于“安全”的边沿状态（表1-1）。

表1-1 代表性文献关于产业安全研究的指标体系

文献	指标体系
何维达和何昌（2002）	产业国际竞争力、产业对外依存度、产业控制力
孙瑞华和刘广生（2006）	产业生存环境、产业国际竞争力、产业对外依存度和产业控制力
杨国亮（2010）	产业控制力、产业竞争力、产业发展环境
吴英娜和伍雪梅（2011）	产业的生存与发展环境、产业国际竞争力、产业控制力
张淑荣和魏秀芬（2011）	产业竞争力、产业控制力、产业成长性、市场发展环境
段一群（2012）	产业国内运行绩效、产业国际竞争力、产业对外依存度、产业受控制程度
朱建民和魏大鹏（2013）	产业竞争力生成能力、产业控制力、产业生态环境、产业竞争力、产业依存度
何维达和杜鹏娇（2013）	产业国内环境、产业国际竞争力、产业对外依存、产业关联性
袁剑琴（2017）	技术控制力、市场控制力
李妍（2018）	产业创新能力、产业竞争力、产业发展能力、产业恢复能力、产业控制力

（二）产业链安全的指标体系

文献梳理发现，关于产业链安全的指标体系的研究较为少见，其中，具有代表性的研究是李然和李文兴（2018）关于京津冀钢铁产业安全链评价指标体系的研究，该文利用层次分析法建立京津冀钢铁产业安全链的评价指标体系，包括四个一级指标：产业组织安全链、产业关联安全链、产业生态安全链、产业社会安全链，一级指标之下还分别包含若干二级指标，二级指标从时间、空间、要素等角度考虑，再从二级指标下分出若干具有针对性的三级指标，同时对三级指标进行量化，从而形成多层次、综合的链状产业安全指标评价体系，如表1-2所示。

表 1-2 京津冀钢铁产业安全链评价指标体系

<table>
<tr><th>评价方面</th><th>影响因素</th><th>影响因子</th><th>量化指标</th></tr>
<tr><td rowspan="9">产业组织安全链</td><td rowspan="3">供应链安全</td><td>供货厂商</td><td>供货产业集中度</td></tr>
<tr><td>原料库存</td><td>原料周转率</td></tr>
<tr><td>原料价格稳定度</td><td>原料价格指数</td></tr>
<tr><td rowspan="4">制造链安全</td><td>产业资本依存度</td><td>外资资本控制率</td></tr>
<tr><td rowspan="2">劳动力投入</td><td>劳动力素质</td></tr>
<tr><td>劳动生产率</td></tr>
<tr><td>科技投入</td><td>R&D 经费投入强度</td></tr>
<tr><td rowspan="2">销售链安全</td><td>钢铁价格指数</td><td>钢材综合价格指数</td></tr>
<tr><td>产业出口水平</td><td>产业出口对外依存度</td></tr>
<tr><td rowspan="7">产业关联安全链</td><td rowspan="2">商品流通安全</td><td>运输保险</td><td>运输保险费率</td></tr>
<tr><td>运输价格</td><td>运输价格指数</td></tr>
<tr><td>劳务流通安全</td><td>劳动力成本</td><td>工资率</td></tr>
<tr><td>技术流通安全</td><td>专利保护</td><td>技术市场合同交易额</td></tr>
<tr><td rowspan="3">资本流通安全</td><td rowspan="2">资本市场</td><td>A 股指数</td></tr>
<tr><td>银行贷款利率</td></tr>
<tr><td>企业负债</td><td>负债率</td></tr>
<tr><td rowspan="5">产业生态安全链</td><td>生产环节</td><td colspan="2">单位工业增加值能耗</td></tr>
<tr><td rowspan="2">回收环节</td><td colspan="2">固体废弃物回收利用率</td></tr>
<tr><td colspan="2">废热和废气回收利用率</td></tr>
<tr><td>治理环节</td><td colspan="2">工业废弃物治理率</td></tr>
<tr><td>排放环节</td><td colspan="2">工业废水、废气排放达标率</td></tr>
<tr><td rowspan="3">产业社会安全链</td><td>社会治安</td><td colspan="2">社会犯罪率</td></tr>
<tr><td>社会稳定</td><td colspan="2">产业解决就业人数</td></tr>
<tr><td>社会和谐</td><td colspan="2">社会幸福感</td></tr>
</table>

资料来源：李然和李文兴（2018）

四、提升我国产业链安全的对策建议

关于提高产业链安全的对策建议，既有研究主要基于中美贸易摩擦对我国产业安全的影响。袁剑琴（2017）认为未来十年全球产业竞争将是价值链上的竞争，价值链竞争决定中国制造业乃至产业竞争力和未来经济的前途与命运。她提出，面对美国等发达国家“再工业化”浪潮，以及国内传统比较优势流失等多种挑战，我国高技术产业须重视培育本土跨国公司，增强对全球价值链的参与度和控制力；进一步优化加工贸易国内布局，加快产业升级和梯度转移；通过“一带一路”倡议逐步构建中国自己的全球价值链。

尹训飞（2019）认为必须重新评估我国制造业产业链安全现状，审视相关政策，要建立健全外商投资审查机制，强化产业链核心环节管控，完善国家产业链安全法律保障，建立产业链安全预警机制，健全海外利益保护和救援体系，加强和维护制造业产业链安全。

黄汉权（2020）认为，在我国严重受制于人的“卡脖子”技术领域，发挥社会主义市场经济条件下关键核心技术攻关新型举国体制优势，组织整合国内有关科研力量，加强影响核心基础零部件（元器件）产品性能和稳定性的关键共性技术研究，开展先进成型、加工等关键制造工艺联合攻关，加大基础专用材料研发力度，提高产业技术基础能力，着力构建一批自主可控的产业链。

李赐犁（2020）认为，要做到以下几点：一是要构建安全高效的开放型经济体系，在开放环境下进一步完善供应链和产业链，与其他国家形成供应链、产业链的深度耦合，将产业链安全与各方利益紧密绑定；二是争取在其他国家获得更多理解和支持；三是不断拓展多元化的出口市场，尤其是深化与“一带一路”沿线国家合作，并积极拓展国内需求，积极推动部分出口向内需市场的转型；四是从战略上高度重视，做好产业链安全防范的顶层设计，从制度上、组织上、机制上做好总体安排；五是不断提升自身能力，发挥自身优势，提升产业链抗风险能力。

林雪萍（2018）认为要尽快通过工业基础调查，画出中国基础工业产业的分布地图，搞清在产业链上对国际的依赖程度，从而可以在复杂多变的国际环境下，快速评估各种意外因素、潜在因素、预期因素等对我国供应链安全造成的损害程度。

魏际刚和刘伟华（2020）认为在做好疫情防控工作的同时，加快建立与疫情防控相适应的经济社会运行秩序，特别是精准有序推动复工复产，增强数字化能力，提升供应链效率，切实保障供应链金融安全。努力保障外贸产业链供应链畅通，使经济社会这个动态循环系统顺畅运转，为维护全球供应链安全做出贡献。

总的来说，在甄别我国产业链安全薄弱环节方面，现有分析手段存在粒度粗，深度浅，精度差，问题揭示不全面、不充分等不足，提出的政策建议尚不能对我国制定产业链安全战略、实施精准产业政策形成有效支撑。

参考文献

包群，叶宁华，王艳灵. 2015. 外资竞争、产业关联与中国本土企业的市场存活[J]. 经济研究, 50(7): 102-115.

卜伟，谢敏华，蔡慧芬. 2011. 基于产业控制力分析的我国装备制造业产业安全问题研究[J]. 中央财经大学学报, (3): 62-66, 91.

曹萍，张剑，熊焰. 2017. 高技术产业安全影响因素的实证研究[J]. 管理评论，29(12):

50-61.
陈洪涛, 潘素昆. 2012. 外商直接投资对中国产业安全的影响研究——基于溢出效应视角[J]. 中国管理科学, 20(S1): 300-303.
段一群. 2012. 国内装备制造业产业安全评价指标与实证测度[J]. 科技管理研究, 32(12): 47-52.
高秀艳, 高亢. 2011. 中国工程机械行业产业安全状况分析与评价[J]. 现代财经(天津财经大学学报), 31(3): 83-87.
葛顺奇, 罗伟. 2015. 跨国公司进入与中国制造业产业结构——基于全球价值链视角的研究[J]. 经济研究, 50(11): 34-48.
郭浩, 刘馨浓. 2019. 外资进入是否促进了制造业企业转型升级?[J]. 国际商务财会, (9): 81-86.
韩超, 朱鹏洲. 2018. 改革开放以来外资准入政策演进及对制造业产品质量的影响[J]. 管理世界, 34(10): 43-62.
韩港. 2018. 中国稀土产业安全研究[D]. 北京: 北京交通大学.
韩永辉, 黄亮雄, 王贤彬. 2017. 产业政策推动地方产业结构升级了吗?——基于发展型地方政府的理论解释与实证检验[J]. 经济研究, 52(8): 33-48.
何维达. 2001. 中国“入世”后的产业安全问题及其对策[J]. 经济学动态, (11): 41-44.
何维达, 杜鹏娇. 2013. 战略性新兴产业安全评价指标体系研究[J]. 管理现代化, (4): 22-24.
何维达, 何昌. 2002. 当前中国三大产业安全的初步估算[J]. 中国工业经济, (2): 25-31.
黄汉权. 2020. 聚焦四大发力点 打好产业链现代化攻坚战[J]. 智慧中国, (Z1): 46-48.
纪宝成, 刘元春. 2006. 对我国产业安全若干问题的看法[J]. 经济理论与经济管理, (9): 5-11.
简泽, 张涛, 伏玉林. 2014. 进口自由化、竞争与本土企业的全要素生产率——基于中国加入 WTO 的一个自然实验[J]. 经济研究, 49(8): 120-132.
江曼琦, 梅林. 2018. 产业“链”簇关系辨析与协同发展策略研究[J]. 河北经贸大学学报, 39(1): 73-82.
蒋国俊, 蒋明新. 2004. 产业链理论及其稳定机制研究[J]. 重庆大学学报(社会科学版), (1): 36-38.
金碚. 2006. 产业竞争力与产业安全的关系[J]. 财经界, (9): 28-30.
景玉琴. 2006. 产业安全评价指标体系研究[J]. 经济学家, (2): 70-76.
雷家骕. 2011. 国家经济安全: 理论与分析方法[M]. 北京: 清华大学出版社.
李昶, 李善民, Chang P, 等. 2015. 跨国并购能促进经济增长吗?——FDI 进入模式、内源投资与东道国经济增长的关系研究[J]. 管理评论, 27(4): 3-12.
李赐犁. 2020-03-25. 积极维护我国产业链安全和稳定[N]. 学习时报, (3).
李建萍, 辛大楞. 2019. 异质性企业多元出口与生产率关系视角下的贸易利益研究[J]. 世界经济, 42(9): 52-75.
李靖, 魏后凯. 2007. 基于产业链的中国工业园区集群化战略[J]. 经济经纬, (2): 68-71.
李孟刚. 2006. 产业安全理论研究[J]. 管理现代化, (3): 49-52.
李然, 李文兴. 2018. 京津冀钢铁产业安全链评价指标体系研究[J]. 理论探讨, (3): 120-123.
李瑞琴, 王汀汀, 胡翠. 2018. FDI 与中国企业出口产品质量升级——基于上下游产业关联的微观检验[J]. 金融研究, (6): 91-108.
李寿生. 2000. 关于 21 世纪前 10 年产业政策若干问题的思考[J]. 管理世界, (4): 49-58.
李秀芳, 施炳展. 2016. 中间品进口多元化与中国企业出口产品质量[J]. 国际贸易问题, (3): 106-116.
李妍. 2018. 创新生态系统下制造业产业安全评价体系的构建与实证研究[J]. 中国科技论坛, (9): 22-30.
林雪萍. 2018. 建立工业基础调查制度为制造供应链安全提供决策支撑[Z]. 制造强国研究, 第 14 期.
刘灿雷, 康茂楠, 邱立成. 2018. 外资进入与内资企业利润率: 来自中国制造业企业的证据[J]. 世界经济, 41(11): 98-120.
刘贵富, 赵英才. 2006. 产业链: 内涵、特性及其表现形式[J]. 财经理论与实践, (3): 114-117.
刘海洋, 林令涛, 高璐. 2017b. 进口中间品与出口产品质量升级: 来自微观企业的证据[J]. 国际贸易问题, (2): 39-49.
刘海洋, 林令涛, 李倩婷. 2017a. 进口中间品与中国企业生存扩延[J]. 数量经济技术经济研究, 34(12): 58-75.
刘明宇, 翁瑾. 2007. 产业链的分工结构及其知识整合路径[J]. 科学学与科学技术管理, (7): 92-96.
刘志彪. 2019. 产业链现代化的产业经济学分析[J]. 经济学家, (12): 5-13.
卢明华, 李国平. 2004. 全球电子信息产业价值链及对我国的启示[J]. 北京大学学报(哲学社会科学版), (4): 63-69.
卢明华, 李国平, 杨小兵. 2004. 从产业链角度论中国电子信息产业发展[J]. 中国科技论坛, (4): 18-22, 96.
马述忠, 陈颖, 王笑笑. 2013. 农业 FDI 对中国粮食安全的动态影响研究——基于种业研发能力视角[J]. 管理世界, (7): 71-79,187-188.
马述忠, 吴国杰. 2016. 中间品进口、贸易类型与企业出口产品质量——基于中国企业微观数据的研究[J]. 数量经济技术经济研究, 33(11): 77-93.
毛其淋, 盛斌. 2014. 贸易自由化与中国制造业企业出口行为: “入世”是否促进了出口参与?[J]. 经济学(季刊), 13(2): 647-674.
钱雪松, 康瑾, 唐英伦, 等. 2018. 产业政策、资本配置效率与企业全要素生产率——基于中国 2009 年十大产业振兴规划自然实验的经验研究[J]. 中国工业经济, (8): 42-59.
任保平, 洪银兴. 2005. 新型工业化中经济效益提高的途径: 一种产业链视角的分析[J]. 西北大学学报(哲学社会科学版), (1): 47-54.
任金鑫. 2018. 产业链视角下中美能源安全水平测度与保障研究[D]. 南昌: 江西财经大学.
芮明杰, 刘明宇. 2006. 产业链整合理论述评[J]. 产业经济研究, (3): 60-66.
盛朝迅. 2019. 推进我国产业链现代化的思路与方略[J]. 改革, (10): 45-56.
史欣向, 李善民, 王满四, 等. 2015. “新常态”下的产业安全评价体系重构与实证研究——以中国高技术产业为例[J]. 中国软科学, (7): 111-126.
宋凌云, 王贤彬. 2013. 重点产业政策、资源重置与产业生产率[J]. 管理世界, (12): 63-77.
宋任生, 姚齐源, 张景昭, 等. 1986. 论组织市场——有计划商品经济的实践模式[J]. 管理世界, (6): 20-32.
孙浦阳, 侯欣裕, 盛斌. 2018. 外资自由化与贸易福利提升: 理论与经验研究[J]. 世界经济, 41(3): 29-53.
孙瑞华, 刘广生. 2006. 产业安全评价指标体系的构建研究[J]. 科技进步与对策, (5): 138-140.
孙早, 席建成. 2015. 中国式产业政策的实施效果: 产业升级还是短期经济增长[J]. 中国工业经济, (7): 52-67.
唐东波. 2012. 贸易政策与产业发展: 基于全球价值链视角的分析[J]. 管理世界, (12): 13-22.
田巍, 余淼杰. 2013. 企业出口强度与进口中间品贸易自由化: 来自中国企业的实证研究[J]. 管理世界, (1): 28-44.
王健, 殷颂葵, 李双元, 等. 2017. 青海民族地区经济社会发展研究[M]. 北京: 中国经济出版社.
王耀中, 陈洁. 2013. 外商直接投资对中国商贸服务业产业安全的影响——基于面板联立方程模型[J]. 经济经纬, (4): 83-87.
王耀中, 欧阳彪. 2016 . 服务业 FDI、技术进步与产业安全——基于分位数回归方法的经验研究[J]. 湖南大学学报(社会科学版) , 30(2): 68-72.
魏际刚, 刘伟华. 2020-03-26. 在疫情防控中维护全球供应链稳定[N]. 经济日报, (12).
吴金明, 邵昶. 2006. 产业链形成机制研究—— "4+4+4" 模型[J]. 中国工业经济, (4): 36-43.
吴意云, 朱希伟. 2015. 中国为何过早进入再分散: 产业政策与经济地理[J]. 世界经济, 38(2): 140-166.
吴英娜, 伍雪梅. 2011. 开放条件下中国零售流通产业安全评价分析[J]. 宏观经济研究, (11): 70-75.
夏兴园, 王瑛. 2001. 国际投资自由化对我国产业安全的影响[J]. 中南财经大学学报, (2): 37-41.
徐辉鸿. 2013. 产业安全中的知识产权风险要素分析[J]. 南京工业大学学报(社会科学版), 12(1): 16-20.
许基南. 2007. 基于产业链分析的代工企业自主品牌战略研究[J]. 当代财经, (2): 71-75.
许家云, 毛其淋, 胡鞍钢. 2017. 中间品进口与企业出口产品质量升级: 基于中国证据的研究[J]. 世界经济, 40(3): 52-75.
许铭. 2005. 中国产业安全问题分析[D]. 上海: 复旦大学.
杨光, 孙浦阳. 2017. 外资自由化能否缓解企业产能过剩?[J]. 数量经济技术经济研究, 34(6): 3-19.
杨国亮. 2010. 新时期产业安全评价指标体系构建研究[J]. 马克思主义研究, (6): 63-71.
杨蕙馨, 纪玉俊, 吕萍. 2007. 产业链纵向关系与分工制度安排的选择及整合[J]. 中国工业经济, (9): 14-22.
杨沐, 黄一乂. 1986. 需求管理应与供给管理相结合——兼谈必须尽快研究和制订产业政策[J]. 经济研究, (3): 12-20.
尹训飞. 2019. 制造业产业链安全现状与对策[J]. 中国工业和信息化, (7): 54-59.
于新东. 2000. 中国加入 WTO 后产业保护和产业安全研究及对策[J]. 学习与探索, (2): 4-12.

余淼杰. 2010. 中国的贸易自由化与制造业企业生产率[J]. 经济研究, 45(12): 97-110.
余淼杰, 智琨. 2016. 进口自由化与企业利润率[J]. 经济研究, 51(8): 57-71.
余明桂, 范蕊, 钟慧洁. 2016. 中国产业政策与企业技术创新[J]. 中国工业经济, (12): 5-22.
郁义鸿. 2005. 产业链类型与产业链效率基准[J]. 中国工业经济, (11): 35-42.
袁剑琴. 2017. 全球价值链视角下的我国高技术产业安全评估[R]. 国家信息中心经济预测部.
张碧琼. 2003. 国际资本扩张与经济安全[J]. 中国经贸导刊, (6): 30-31.
张福军. 2015. 加快转变经济发展方式与维护我国产业安全[J]. 甘肃社会科学, (3): 206-210.
张丽莉, 赵善琛. 2020. 我国装备制造业产业安全问题研究[J]. 理论探讨, (2): 126-130.
张莉, 朱光顺, 李世刚, 等. 2019. 市场环境、重点产业政策与企业生产率差异[J]. 管理世界, 35(3): 114-126.
张鹏杨, 徐佳君, 刘会政. 2019. 产业政策促进全球价值链升级的有效性研究——基于出口加工区的准自然实验[J]. 金融研究, (5): 76-95.
张淑荣, 魏秀芬. 2011. 我国棉花产业安全状况评价[J]. 农业技术经济, (2): 92-95.
赵福军. 2019. 在构建开放经济格局中提升产业链安全[J]. 国际商务财会, (4): 3-6,11.
赵世洪. 1998. 国民产业安全若干理论问题研究[J]. 中央财经大学学报, (5): 1-5.
郑宝华, 李东, 曹泽, 等. 2008. 基于产业竞争力的产业安全成因分析[J]. 经济学动态, (4): 75-78.
周茂, 陆毅, 符大海. 2016. 贸易自由化与中国产业升级: 事实与机制[J]. 世界经济, 39(10): 78-102.
朱建民, 魏大鹏. 2013. 我国产业安全评价指标体系的再构建与实证研究[J]. 科研管理, 34(7): 146-153.
祝树金, 钟腾龙, 李仁宇. 2019. 进口竞争、产品差异化与企业产品出口加成率[J]. 管理世界, 35(11): 52-71,231.
Hintsa J, Gutierrez X, Wieser P, et al. 2009. Supply chain security management: an overview[J]. International Journal of Logistics Systems and Management, 5(3/4): 344-355.
Jovanovic B. 1982. Selection and evolution of industry[J]. Econometrica, 50(3): 649-670.
Roth A V, Tsay A A, Pullman M E, et al. 2008. Unraveling the food supply chain: strategic insights from China and the 2007 recalls[J]. Journal of Supply Chain Management, 44(1): 22-39.
Sarathy R. 2006. Security and the global supply chain[J]. Transportation Journal, 45(4): 28-51.
Tang O, Musa S N. 2011. Identifying risk issues and research advancements in supply chain risk management[J]. International Journal of Production Economics, 133(1): 25-34.

第二章

产业链安全内涵界定和评价体系

当前及今后一段时期，在争夺世界经济主导权的大国博弈下，以美国为首的发达国家对我国产业链关键环节的打压将趋于常态化，新冠疫情的暴发可能加速全球产业链重构步伐，新发展格局下亟须强化产业链安全的理论研究，构建科学有效的产业链安全评价体系，确保在世界百年变局中更好地维护我国产业链安全。

一、产业链安全提出的时代背景

产业链安全是近年来国内外讨论较多的热点话题，其提出有着深刻的时代背景。产业链安全的提出首先源于全球产业链分工的日益深化，但之所以强调“安全”，却与全球经贸格局演变、重大安全事件冲击和国家安全战略需要密切相关。

（一）世界经济不确定性、不稳定性增强

当前，产业链安全之所以引起人们的普遍关注，核心原因还是世界百年未有之大变局下全球经贸格局的急剧动荡。2018 年以来，全球经济增长放缓与贸易保护主义叠加使全球化进程出现了“开倒车”现象，“逆全球化”倾向凸显，美国、日本等发达国家还提出了产业链“去中国化”主张，支持本国企业回迁产业链或加强本国产业保护。严重的贸易保护主义使得多边自由贸易投资体系遭到破坏，单边主义使全球合作贸易机制框架和所遵循的规则失衡，全球价值链分工的基础遭遇挑战，全球供应链受到严重冲击，给我国产业链安全带来一定风险（李赐犁，2020）。

以中兴、华为“断供”事件为代表的中美经贸摩擦，使国人真切体会到了产业链安全的重要性，任何一个国家要想在全球分工体系中占据有利地位，就必须在核心技术领域拥有“话语权”（文炳洲和陈琛，2019）。中兴与华为在“断供”上的不同表现，也进一步表明拥有核心技术和巨大市场份额的重要性。企业实现

供应链安全可控，需要把控核心技术、关键零部件，同时还要通过交叉持股、合作创新等与供应商形成利益共享、风险共担的命运共同体（宫超，2019）。所以，当前语境下产业链安全强调一国对产业链关键环节的掌控能力和风险应对能力，突出能够消除产业链外部威胁或者将外部风险置于可控范围内。

（二）新冠疫情冲击进一步暴露全球产业链供应链的脆弱性

2020年以来，新冠疫情在全球的迅速蔓延，不仅威胁人们的生命健康，也改变了人们的生产生活方式，导致世界经济进入自二战以来最严重的衰退，其直接表现为全球供应链断裂，迫使国际社会和主要国家更加关注产业链供应链安全。安全原则甚至部分替代了效率至上，本地化生产和多元化分散布局受到了更多青睐，尤其是战略性产业以及医疗等关系到国计民生的产业会越来越本土化，美日欧都在竭力鼓励本国（地区）企业将生产环节迁回，加速了产业链区域化布局。如2020年，美国政府表示美国企业迁出中国发生的搬迁支出，可以计入相关费用抵扣。日本政府在经济刺激计划中专门开辟了“改革供应链”项目，列支2435亿日元（按当时汇率计算约合人民币158亿元），用于资助日本制造商将生产线撤出中国，以实现生产基地的多元化。可见，在新冠疫情冲击下，各国都更加重视产业链安全，聚焦国计民生的重点产业领域，强调在本土或分散布局，以强化关键产业供应链的安全性和稳定性。

（三）国家安全要求及产业发展战略

2020年，《求是》杂志发表习近平总书记的重要文章《国家中长期经济社会发展战略若干重大问题》，其中指出“产业链、供应链在关键时刻不能掉链子，这是大国经济必须具备的重要特征。……为保障我国产业安全和国家安全，要着力打造自主可控、安全可靠的产业链、供应链，力争重要产品和供应渠道都至少有一个替代来源，形成必要的产业备份系统”（习近平，2020）。《中国制造2025》是近年来集中体现重点产业链国家发展战略的重要文件，“四基”[核心基础零部件（元器件）、先进基础工艺、关键基础材料和产业技术基础]薄弱问题屡次被提及，提高关键环节和重点领域的创新能力被放在首位，并提出增强国际竞争力。党的十九大报告中，防范化解重大风险被摆在打好三大攻坚战的首位，党的二十大进一步要求提高防范化解重大风险能力，就经济领域来说，重点是科技产业领域的风险和金融领域的风险。从近期中央关注的科技产业领域中，可以梳理出技术“卡脖子”风险、产业外移风险和疫情冲击风险。《中华人民共和国国家安全法》是我国安全体系的基石，其中第十九条关于经济安全提出，“健全预防和化解经济安全风险的制度机制，保障关系国民经济命脉的重要行业和关键领域、重点产业、重大基础设施和重大建设项目以及其他重大经济利益安全”。综合上述中央文件和法律的精神及最新要求，产业链安全不仅是一种安全状态或目标，还是通过制度机制和创新能力建设形成的一种预防化解产业链重大风险的能力。

二、产业链安全的内涵界定

相比于产业安全、供应链安全等大家耳熟能详的术语，产业链安全是一个相对较新的概念，学术界对其内涵还没有统一的认识，这几个概念也经常被混用，为此，有必要对产业链安全概念提出的时代背景及内涵进行界定。

（一）产业链安全的内涵

结合产业链安全产生的时代背景和参考现有关于产业安全的概念，我们认为产业链安全是指在开放经济条件下，一国在产业链的关键环节具有掌控能力和国际竞争力，能够有效保障本国重点产业的生存及持续发展。该定义既从国家层面强调产业链的能力安全，又突出重点产业生存和持续发展的状态安全。所以，产业链安全可以进一步细分为国家宏观和行业（企业）中观两个层次，前者突出一国通过制度安排和政策措施有效防范化解产业链关键环节风险，保持并提升本国在重点产业链上的竞争力，后者强调一国具体行业中的核心企业能够有效整合产业链上下游资源与要素，实现生存及可持续发展，并对发展过程中的不确定性因素具有抵御能力。

（二）产业链安全的政治经济学含义

在正常市场环境下，因为产业链上高度分工的各市场主体均以追求利润最大化为目标，利益导向会强化经济联系，不存在“断供”这样的安全担忧，主要表现为产业竞争力焦虑，如我国劳动密集型产业的加工组装环节因为成本上升导致竞争优势丧失，引发加工制造和配套产业环节加快向外转移，威胁我国产业链的完整性（黄汉权，2020）。但是当加入了产业国民属性和国别竞争后，企业间单纯的市场竞争就被附加了国家意志，产业链安全就是要使以国民为主体的产业权益在国际竞争中得到保护并不受损害（张望，2006）。从这个意义上看，产业链安全概念实际上已突破了传统产业经济学范畴，更趋向于国际政治经济学。而且，新冠疫情也重塑了人们对产业链安全的认知，即重大生物安全事件等客观环境冲击，也会严重威胁产业链安全。因此，产业链安全不仅要有抵御经济和技术变化风险的能力，也要对抗政治和外部突发事件的影响。

（三）产业链安全与产业安全、供应链安全的异同

根据产业链的定义，即产品生产全过程依据前后向投入产出关联形成的链条，描述了生产链条的技术经济关系，所以本章的产业链安全概念虽然脱胎于产业安全，同样包含风险防控力和国际竞争力，但产业链安全更加突出外部风险对一国重要产业上下游关联关系的影响，也更加突出一国在产业链关键环节的国际竞争力。与我国强调产业链不同，西方国家多突出供应链，而且供应链更多聚焦于企业微观层面，供应链安全的核心是风险识别与控制，强调围绕核心企业，实现从采购原材料、零部件到制成中间产品以及最终产品，最后到销售网络的安全可控。所以，在企业微观层面，产业链安全可以视为供应链安全，产业链安全只是相对更为宏观，不局限于企业视角下对供应链关键环节的把控和维持必要的供需关系，更强调一国对其所属企业在产业上下游经济关联中的权益保护和风险防控。

三、产业（链）安全的影响因素分析

明晰产业（链）安全影响因素是识别产业链安全风险的前提，是开展产业链安全评价的基础。基于第一章中关于产业链安全的定义，综合已有研究，产业（链）安全的影响因素主要包含以下四个方面。

（一）外商投资对产业（链）安全的影响

一国对产业链安全的控制力取决于本国资本或所属企业在产业链上的话语权和掌控能力，从其反面看就是外商投资是否影响一国产业（链）安全以及影响有多大。早先的定性研究多强调外商投资对产业安全的不利影响，认为外商利用资金实力，占据多数股权，控制国内企业；利用技术工艺、无形资产和管理等经营资源优势，控制国内企业生产经营活动，削弱东道国产业技术研发实力，增加对国外技术依存度（王莉，2005）；通过并收购及系列投资方式对产业链上下游企业进行一体化控制（方芳，1997），外资并购还会加速资本集中和垄断，增加产业发展的不稳定性和潜在风险（王潇健，2009）；通过对一国不同产业的差异性影响，引发产业结构失衡，削弱一国对产业的宏观调控能力（祝年贵，2003）；通过市场、品牌控制，加强对东道国市场的垄断，民资品牌会被逐渐边缘化，制约东道国企业成长和发展（王勇和卢柯羽，2014）。但是，近年来国内大量基于微观数据的定量研究，没有发现外资进入对本土企业发展形成明显冲击，甚至还得出了有积极影响的结论。包群等（2015）基于2000～2007年中国企业数据，采用生存模型考察了外资进入对中国本土企业的存活期限与退出行为的影响，发现虽然外资企业加剧了行业内竞争，从而迫使同行业内资企业更快退出，但也通过

与当地企业构建上下游产业关联，为内资企业创造了新的存活机会与市场空间。李磊等（2018）利用2004～2013年我国企业微观数据，发现外商投资在直接促进内资企业“走出去”的同时，还通过提升内资企业生产率水平，间接推动了其对外直接投资。外商直接投资通过行业间后向关联对中国企业产生显著的创新溢出效应，国有企业、出口导向型企业和资本密集型企业的创新溢出效应更明显（唐宜红等，2019）。

综上，学者对外商投资对一国产业链安全的影响远未形成共识。不可否认的是，外资企业往往是产业链中技术含量较高环节的核心供应商，虽然出于对核心技术和研发创新诀窍保护的动机会实施战略隔绝（苏丹妮等，2020），以图阻止东道国企业向全球价值链高端发展，但其在东道国的投资也会产生创新溢出效应，这也是东道国企业实现全球价值链升级的重要渠道。显然，外资对一国产业链安全的影响不仅取决于外资的战略意图，还受到东道国外资开放政策的极大制约。在一国产业处于技术追赶或学习模仿阶段，在恰当的对外开放政策保护下，外商投资对一国产业链的创新溢出效应或许很大，但是在一国产业技术水平接近甚至在某些环节超越外资时，外资的专利超前布局、技术封锁和市场打压可能会阻滞一国产业向价值链更高环节升级，这一点亟须研究实证检验。

（二）国际贸易对产业（链）安全的影响

在全球化时代，产业链早已突破国界，所以国际贸易对产业（链）安全的影响就成了十分重要的研究方向。现有文献主要强调进口中间品对企业生存率和生产率的提升可以间接影响产业（链）安全，即企业进口中间品能够实现国内外两个市场、两种资源的配置和互补（Halpern et al.，2011；张杰等，2015），降低企业生产成本；进口中间品带来的技术溢出能够促进企业进行研发和创新活动（Damijan and Kostevc，2010），有利于提升企业竞争力；进口产品种类增加对企业生产率提升具有显著正向作用（许统生和方玉霞，2020），最终均有助于延长企业生存时间（刘海洋等，2017）。显然，现有研究过于关注中间品贸易，并突出强调中间品贸易对企业生存安全的重要性，这仅能从侧面证明一国企业的生存和发展离不开国际市场，尤其是产业链关键环节的中间品外国供应商。从出口视角看，虽然一国产业“走出去”可以获得更大的市场空间和更多技术、人才、资本等发展要素，但是一国产业（企业）产品出口对外依存度过高也会受到国际需求变化的冲击（张勉之，2018）。

（三）竞争力对产业（链）安全的影响

按照迈克尔·波特的观点，“产业安全最终取决于产业竞争力的强弱”，所以技术创新能力、市场竞争力等产业竞争力将影响产业（链）安全水平。曹萍等（2017）采用2007～2014年中国高技术产业的相关数据，对影响高技术产业安全的因素进行了实证分析，研究发现高技术产业的自主创新能力、产业现实竞争力对高技术产业安全均具有显著正向影响。具体到软件产业，也可以发现产业动态竞争力（由内资企业规模增长率、效益增长率测度）、自主创新能力均对产业安全具有正向作用（曹萍和张剑，2016）。徐君等（2015）也认为产业国际竞争能力、技术创新能力等会影响新能源产业安全。总的来看，现有关于产业竞争力对产业（链）安全的研究较少，相关实证分析和作用机理研究均不足。

（四）外部政策对产业（链）安全的影响

一国及其贸易国的产业政策和贸易政策会对产业（链）安全形成较大的外部冲击，但是产业政策有效性一直是一个颇具争议的话题。张鹏杨等（2019）利用我国出口加工区成立之初所实施"主导产业"扶持政策构造准自然实验，发现出口加工区的"主导产业"政策对我国出口企业价值链升级存在负向影响。与此相反，韩永辉（2017）实证研究发现，产业政策显著促进了地区产业结构合理化和高度化。刘守俊和蔡敏（2020）以《国务院关于加快培育和发展战略性新兴产业的决定》为准自然实验，利用沪深A股非金融上市公司样本数据进行实证研究发现，战略性新兴产业政策的实施有效促进了受支持企业开展研发创新活动，进而提高了企业的全要素生产率。不可否认的是，包括西方发达国家在内的许多国家均通过产业政策提升了自身的产业链竞争力和安全水平，如美国、日本和韩国集成电路产业发展、崛起过程中，产业政策发挥了重要的调控与引导扶持作用（黄时进，2020）。冷战结束后，在一个先进技术占据主导地位的世界中，国家间竞争的本质变化导致安全的内涵发生了巨大改变：从如何防止战争逐渐转向如何确保产业安全，完善的产业政策能够保证产业链安全和竞争优势，并且在产业转换和升级的时候妥善应对淘汰落后产业和产业周期衰退产生的社会冲击（雷少华，2019）。

现有关于贸易政策的研究，主要是通过贸易自由化间接证实了其对产业（链）安全的积极作用，其主要作用机理是贸易自由化通过进口竞争效应提升了企业产品出口加成率（祝树金等，2019），促进了高效率企业全要素生产率提升（简泽等，2014），有利于产业结构优化（周茂等，2016）。与此相对，当前"逆全球化"的贸易政策正成为影响一国产业链安全的焦点，美国将我国高科技产业链上的重点企业列入"实体清单"，并强化关键技术、设备和软件的出口管制，提高关税削弱我国企业国际竞争力，还通过限制人才交流和留学生招生抑制高新技术扩散，补贴搬迁费用推动"再工业化"，以及日本等发达国家推出的"中国+1"

战略，这些均对我国产业链安全构成了极大威胁。

通过梳理产业（链）安全影响因素的已有研究，结合产业链安全的内涵界定，可以将产业链安全分解为产业链控制力、产业链竞争力、产业链发展环境三大维度，其中，产业链控制力强调本国资本或企业对产业链关键环节的掌控能力，直接回应当前国家和社会关切，现有研究多用外资控制率从反面来具化产业链控制力，所以产业链控制力也是一种基于产业链风险视角的客观状态描述，可以视为基础性产业链安全；产业链竞争力突出一国产业所提供产品或服务的技术先进性、在国际国内市场上的份额，强调经济可行性的效益安全，是一种更为主动、积极的姿态，可以视为更高等级的产业链安全状态和能力；产业链发展环境更多从产业链发展生态出发，是一种融合了客观发展环境、主观政策措施和外部政策风险的综合体。

四、产业链安全评价指标体系

基于产业链安全内涵和影响因素，并从当前政策需要和实操性出发，本章尝试构建形成产业链安全多级评价指标体系。

（一）产业链安全评价路线

产业链安全评价是一项系统工程。第一需要借助行业专家、企业家和技术专家的帮助，全面梳理出待评价产业链从上游到下游的主要环节，如半导体产业链包括上游的半导体材料[晶圆、靶材、光刻胶、显影液、特种气体、湿电子化学品、晶圆封装材料、光掩模板、化学机械抛光（chemical mechanical polishing，CMP）材料等]、半导体设备[单晶炉、氧化炉、光刻机、物理气相沉积（physical vapor deposition，PVD）、涂胶显影机、检测设备、刻蚀机、CMP 等]，中游的集成电路（integrated circuit，IC）设计、集成电路制造和集成电路封测，以及下游的应用等，具体细分层次根据分析需要决定，通常至少要分三级，接着根据重要程度对主要环节进行专家打分，赋予其权重；第二需要采用大数据分析方法，依据主要环节标签找出所有的国内企业，并通过赛道内专利数量排名、市场份额、公司规模、注册资本、融资金额等指标，筛选出排名前 10 位的代表性核心企业；第三按照产业链安全评价第三级指标，分别测度核心企业在细分指标上的数值，再根据核心企业排名顺序权重，加总测算出产业链各主要环节第三级指标的得分；第四按照产业链安全评价指标体系和专家赋予的各级指标权重，结合主要环节行业层面的第三级量化指标，加总计算出待评估产业链主要环节的产业链安全得分；第五根据产业链主要环节权重，加总计算出产业链安全评价总得分（图 2-1）。

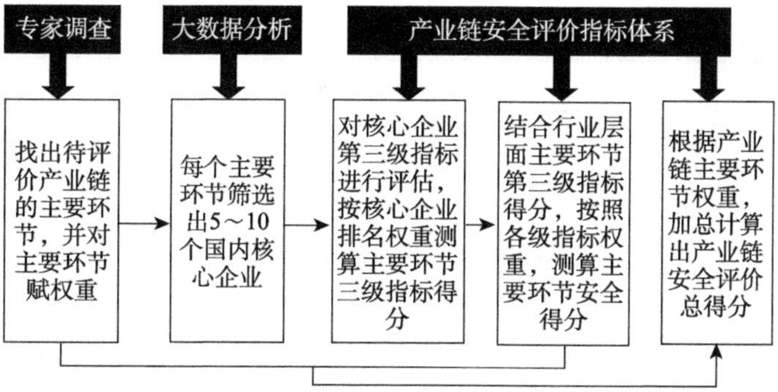

图 2-1 产业链安全评价路线图

（二）行业和企业层面产业链安全评价指标研究

当前，关于产业安全评价指标体系的研究相对丰富，主要集中于行业中观层面，最常见的三大评价维度与上述发现的三大维度一致，即产业控制力、竞争力和发展环境。现有研究通常将产业竞争力细分为利润率、劳动生产率、国内市场份额、国际市场占有率、贸易竞争力指数等指标（吴英娜和伍雪梅，2011；李妍，2018），产业控制力多由外资技术控制率、外资市场占有率、外资品牌占有率、产业资本对外依存度等指标构成（孙瑞华和刘广生，2006；杨国亮，2010），产业发展环境通常包含劳动力要素环境、融资环境、技术要素环境、市场需求环境、政策支撑环境等指标（张淑荣和魏秀芬，2011）。除此之外，不少学者还将产业依存度与产业控制力分别单列（何维达和何昌，2002；段一群，2012），其中产业依存度强调本国产业在资本、出口、技术等方面的对外依赖程度，产业控制力强调外资在国内的市场、品牌、技术、股权的控制率，论证更为严谨，但指标间的指向容易交叉重复。而且，现有产业安全评价指标多从行业层面进行定量分析，无法准确度量主要环节在产业安全中的重要性。本章尝试以主要环节的核心企业安全评估为基础，并结合行业发展环境数据，形成微观和中观数据相结合的评估方法，以便更好地评价产业链安全水平。

就企业层面的产业链安全而言，供应链安全的视角更贴切，因为供应链管理源于企业管理，涉及企业原材料或投入品的获取、产品设计研发、生产供应和运维服务等全过程。陈玮和焦孟甦（2016）通过系统梳理已有研究，按照风险来源将企业供应链风险区分为需求风险、环境风险、经营风险、供应风险、信息技术风险和制度风险（表 2-1）。刘垚磊等（2019）在供应链安全评估模型中，总结出最小化技术风险、上游供应价格风险、上游供应商依赖风险、上游供应中断风险、管理运营风险、变更风险、应急响应风险、资金风险、物流运输风险、沟通风险、法律风险等 11 个一级指标。显然，企业供应链风险点众多，很难完全穷尽，只能基于产业链安全研究的视角关注其中的核心环节和关键风险。

表 2-1 供应链风险类型及其来源

风险类型	风险来源
需求风险	依赖少数大客户、客户财务状况恶化、频繁快速的新产品上市等
环境风险	自然灾害风险、类似于 SARS（severe acute respiratory syndrome，严重急性呼吸综合征）而中断生产风险、产业政策风险等
经营风险	产量低于预期、无法严把采购原料的质量关、生产能力不足或闲置等
供应风险	依赖少数关键供应商、部分供应商财务不健全、供应商质量问题、刚性供应商
信息技术风险	资料备份不完整、数据传输过程中被竞争者窃取、信息基础设施故障
制度风险	库存控制制度不规范、系统需求预测不可靠、采购过程控制不科学等

（三）产业链安全评价维度

借鉴已有研究和国家政策需要，本章按照产业链竞争力、产业链控制力和产业链发展环境三大维度来进行安全评价，其中，产业链竞争力，从核心能力看，主要包含技术创新能力、盈利能力、市场竞争力；产业链控制力，从主要风险看，主要包含核心技术、产业资本、市场的对外依存度或者外资控制率；产业链发展环境，主要包含人才保障条件、外部自然和政治环境、国内外政策环境。国外关于政策环境的研究较少，但是在今后国际地缘政治格局和经贸关系的深度调整中，西方发达国家因对中国崛起的忌惮，势必采取更多封锁制衡措施，我国产业链安全评价需要将面临的严峻国际政策环境考虑在内。

（四）产业链安全评价体系的构建

综上，在具体的企业微观层面，产业链安全（供应链安全）评价聚焦产业链主要环节的核心企业，可以分为企业竞争力、外资控制风险和企业发展环境三个维度。企业竞争力由技术创新投入能力、技术创新产出能力、盈利能力财务指标、市场竞争力构成。外资控制风险主要表现为投入品（原材料、技术、设备、零部件）、融资、生产加工、运营服务等企业经营各环节受到外资控制的可能性，重点关注技术、资本和市场三大维度，其中外资核心技术专利控制率指外资拥有的核心技术专利数量占企业实际使用的全部核心技术专利数量的比例（杨国亮，2010）。企业发展环境主要包括人才保障水平、自然和政治环境、国内外政策环境。本章在借鉴已有研究的基础上，形成了企业供应链安全评价指标（表 2-2）。

表 2-2 企业供应链安全评价指标

指标	主要构成
技术创新投入能力	研发投入增速、研发投入占销售收入的比重、资本化研发投入占比、技术人员占比、本科及以上学历员工占比（肖淑芳等，2020）

续表

指标	主要构成
技术创新产出能力	专利申请量、专利强度、发明专利占比
盈利能力	净利润增长率、成本利润率、净资产收益率等
市场竞争力	企业主营产品国内市场占有率、国际市场份额、销售利润率、自有品牌价值、融资规模等
外资控制风险	关键投入品供应商国别集中度、外资核心技术专利控制率、海外融资规模占比、外资股权控制率、外资市场占有率等
自然和政治环境	关键投入品生产地是否发生重大自然灾害、流行性疫病、政治动荡、战争等极端情况
政策环境	企业获得的财政资金支持金额、企业主要出口产品被收取关税的平均水平、企业跨国并购或投资笔数、企业是否被纳入美国"实体清单"等

产业链安全评价体系由产业链竞争力、产业链控制力和产业链发展环境等三个一级指标构成（表 2-3）。具体到行业层面，产业链安全评价由产业链关键环节核心企业的集合和影响产业链安全的核心要素构成，其中，行业层面的产业链竞争力需要提升行业技术创新能力、盈利能力、市场竞争力，在微观层面需要增强核心企业技术创新投入能力、技术创新产出能力，优化提升核心企业盈利能力，并提高核心企业主要产品或服务在国内外市场的竞争力。行业层面的产业链控制力主要体现为防范重点产业的核心技术、产业资本、市场受制于外资，具体到企业微观层面可以进一步聚焦于技术链、资本链、市场链①三个维度。产业链发展环境在行业层面主要表现为自然和政治环境、政策环境、人才保障条件，这些对企业供应链安全的影响更多是外部不可控因素，其中人才保障条件不局限于单个核心企业，而是重点考察待评价产业的全行业人才保障条件，所以该项指标的得分是基于行业数据计算而得的。

表 2-3　产业链安全评价三级体系

一级	二级	三级
产业链竞争力	技术创新能力	核心企业技术创新投入能力：研发投入增速、研发投入占销售收入的比重、资本化研发投入占比、技术人员占比、本科及以上学历员工占比等
		核心企业技术创新产出能力：专利申请量、专利强度、发明专利占比等
	盈利能力	核心企业的净利润增长率、成本利润率、净资产收益率等
	市场竞争力	核心企业主要产品的国内市场占有率、国际市场份额、销售利润率、自有品牌价值、融资规模等

① 从现有研究和数据可量化出发，该指标属于行业性量化指标，用某一行业主要环节上重点产品的外资市场份额来衡量。

续表

一级	二级	三级
产业链控制力	技术链	核心企业关键投入品供应商国别集中度、外资核心技术专利控制率[1)]等
	资本链	核心企业海外融资规模占比、核心企业外资股权控制率等
	市场链*	外资企业在国内市场的占有率等
产业链发展环境	自然和政治环境	企业所需关键投入品供应地是否发生重大自然灾害、流行性疫病、政治动荡、战争等极端情况
	政策环境	核心企业获得的财政资金支持金额，核心企业主要出口产品被收取关税的平均水平，核心企业跨国并购或投资笔数、核心企业是否被纳入美国“实体清单”等
	人才保障条件*	核心企业所在行业国际人才引进数量及增速、核心企业所在行业关键技术发明人中我国人员的占比、前沿技术文献发表者中我国人员的占比等

*两个二级指标无法用核心企业量化数据加总得到，所以直接采用行业数据量化

1) 外资核心技术专利控制率用外资拥有的核心技术专利数量占企业实际使用的全部核心技术专利数量的比例来衡量

五、结论

在总结梳理已有研究和对相关概念进行辨析的基础上，我们分析了产业（链）安全的影响因素，提出了评价方法和指标体系，主要结论是：产业（链）安全的影响因素主要集中于外商投资、国际贸易、技术创新能力、市场竞争力、产业政策和贸易政策等方面，分别对应产业链的控制力、竞争力和发展环境三大维度；以三大维度为一级指标，我们尝试将微观企业数据和中观行业数据相结合，构建了新的产业链安全评价三级体系，以求更为客观、全面地评估具体产业链的安全水平。

参考文献

包群，叶宁华，王艳灵. 2015. 外资竞争、产业关联与中国本土企业的市场存活[J]. 经济研究, 50(7): 102-115.

曹萍，张剑. 2016. 软件产业安全影响因素的实证研究——基于产业动态竞争力的视角[J]. 当代经济管理, 38(3): 47-54.

曹萍，张剑，熊焰. 2017. 高技术产业安全影响因素的实证研究[J]. 管理评论, (12): 50-61.

陈玮，焦孟甦. 2016. 供应链风险识别与评估研究综述[J]. 安徽农业科学，44(10): 290-292, 298.

段一群. 2012. 国内装备制造业产业安全评价指标与实证测度[J]. 科技管理研究，32(12): 47-52.

方芳. 1997. 外商直接投资对我国产业安全的威胁及对策[J]. 上海经济研究, (6): 35-38.
宫超. 2019. 学会打造共赢可靠供应链[J]. 瞭望, (21): 57.
韩永辉, 黄亮雄, 王贤彬. 2017. 产业政策推动地方产业结构升级了吗?——基于发展型地方政府的理论解释与实证检验[J]. 经济研究, 52(8): 33-48.
何维达, 杜鹏娇. 2013. 战略性新兴产业安全评价指标体系研究[J]. 管理现代化, (4): 22-24.
何维达, 何昌. 2002. 当前中国三大产业安全的初步估算[J]. 中国工业经济, (2): 25-31.
黄汉权. 2020-02-13. 聚焦四大发力点 打好产业链现代化攻坚战[N]. 经济日报, (11).
黄时进. 2020. 国家创新体系中产业政策的引领对策研究——以集成电路产业为例[J]. 长沙理工大学学报(社会科学版), 35(2): 102-109.
简泽, 张涛, 伏玉林. 2014. 进口自由化、竞争与本土企业的全要素生产率——基于中国加入 WTO 的一个自然实验[J]. 经济研究, 49(8): 120-132.
雷少华. 2019. 超越地缘政治——产业政策与大国竞争[J]. 世界经济与政治, (5): 131-154, 160.
李赐犁. 2020-03-25. 积极维护我国产业链安全和稳定[N]. 学习时报, (A3).
李磊, 冼国明, 包群. 2018. “引进来”是否促进了“走出去”?——外商投资对中国企业对外直接投资的影响[J]. 经济研究, 53(3): 142-156.
李妍. 2018. 创新生态系统下制造业产业安全评价体系的构建与实证研究[J]. 中国科技论坛, (9): 22-30.
刘海洋, 林令涛, 高璐. 2017. 进口中间品与出口产品质量升级: 来自微观企业的证据[J]. 国际贸易问题, (2): 39-49.
刘守俊, 蔡敏. 2020. 战略性新兴产业政策的实施提高了企业全要素生产率吗?——基于双重差分模型的分析[J]. 南方金融, (4): 16-26.
刘垚磊, 陈兴蜀, 李想, 等. 2019. 一种面向云计算服务供应链的安全评估模型[J]. 网络空间安全, 10(2): 32-40.
钱雪松, 康瑾, 唐英伦, 等. 2018. 产业政策、资本配置效率与企业全要素生产率——基于中国 2009 年十大产业振兴规划自然实验的经验研究[J]. 中国工业经济, (8): 42-59.
苏丹妮, 盛斌, 邵朝对, 等. 2020. 全球价值链、本地化产业集聚与企业生产率的互动效应[J]. 经济研究, 55(3): 100-115.
孙瑞华, 刘广生. 2006. 产业安全评价指标体系的构建研究[J]. 科技进步与对策, (5): 138-140.
唐宜红, 俞峰, 李兵. 2019. 外商直接投资对中国企业创新的影响——基于中国工业企业数据与企业专利数据的实证检验[J]. 武汉大学学报(哲学社会科学版), 72(1): 104-120.
王莉. 2005. 外商直接投资对我国产业安全的影响及对策[J]. 经济纵横, (10): 8-11.
王潇健. 2009. 外资企业在华并购对我国产业安全的影响及对策[J]. 对外经贸实务, (2): 66-69.
王勇, 卢柯羽. 2014. 外商直接投资与我国产业安全: 基于产业控制的视角[J]. 经济研究参考, (50): 17-26.
文炳洲, 陈琛. 2019. 中兴事件、核心技术与中国集成电路产业——兼论全球化背景下的国家产业安全[J]. 技术与创新管理, 40(2): 253-259.

吴英娜，伍雪梅．2011．开放条件下中国零售流通产业安全评价分析[J]．宏观经济研究，(11): 70-75.
习近平．2020．国家中长期经济社会发展战略若干重大问题[EB/OL]．http://www.qstheory.cn/dukan/qs/2020-10/31/c_1126680390.htm[2020-10-31].
肖淑芳，石琦，张一鸣．2020．上市公司创新能力指数的构建[J]．北京理工大学学报(社会科学版), 22(1): 57-69.
徐君，高厚宾，王育红．2015．新能源产业安全的影响因素及交互效应[J]．资源开发与市场，(5): 613-616.
许统生，方玉霞．2020．进口产品种类与企业生产率[J]．中南财经政法大学学报，(1): 136-146, 160.
杨国亮. 2010．新时期产业安全评价指标体系构建研究[J]．马克思主义研究, (6): 63-71.
张杰，郑文平，陈志远．2015．进口与企业生产率——中国的经验证据[J]．经济学(季刊), 14(3): 1029-1052.
张勉之. 2018．出口依存度下中国高技术产业安全分析[J]．合作经济与科技, (14): 90-91.
张鹏杨，徐佳君，刘会政．2019．产业政策促进全球价值链升级的有效性研究——基于出口加工区的准自然实验[J]．金融研究, (5): 76-95.
张淑荣，魏秀芬. 2011．我国棉花产业安全状况评价[J]．农业技术经济, (2): 92-95.
张望. 2006．产业安全的内涵[J]．广西财经学院学报, 19 (2): 102-106.
周茂，陆毅，符大海．2016．贸易自由化与中国产业升级：事实与机制[J]．世界经济, 39(10): 78-102.
祝年贵. 2003．利用外资与中国产业安全[J]．财经科学, (5): 111-115.
祝树金，钟腾龙，李仁宇．2019．进口竞争、产品差异化与企业产品出口加成率[J]．管理世界, 35(11): 52-71,231.
Damijan J P, Kostevc Č, 2010. Learning from trade through innovation: causal link between imports, exports and innovation in Spanish microdata[R]. LICOS Discussion Papers.
Halpern L, Koren M, Szeidl A. 2011. Imported inputs and productivity[R]. CeFiG Working Paper 8, Center for Firms in the Global Economy.

对　策　篇

第三章

全球产业链演变态势及对我国的影响

随着新技术创新发展和全球经济格局重塑，以垂直分工、集中布局、制服分离、工贸互促为主要特征的全球产业链正在发生深刻变化，逐步向强化自主发展、链条扁平发展、多元弹性布局、构建产业生态等方向转变。随着传统国际分工合作路径被打破，围绕新要素、新生态的竞争不断加剧，我国参与全球产业链分工的空间被大幅压缩，构建创新发展新优势的挑战也在不断加大。为此，需要立足强大的国内产业优势，有序推进产业链再造重构，加快新兴前沿领域的布局发展，争取尽快形成更强发展能级和更高分工位势。

一、全球产业链的现状特征

（一）垂直分工型

产业链垂直分工是当前全球产业分工的主要类型，汽车、电子、装备等产业都具有这种分工特点。产业链垂直分工的形成源于生产工序的细化，产品生产的全流程被分割为多个环节（丁宋涛和刘厚俊，2013）。例如，芯片生产被细分为集成电路设计、晶圆制造、加工、封装及测试等环节，每个环节的技术、工序和工艺都有显著差别，上下游环节贯通集合才构成芯片的全产业链过程。发达国家凭借科技创新、高端市场、人才等优势，牢牢占据着关键核心零部件、研发设计、品牌、售后服务等价值链高端环节（王喜文，2016），将一般零部件制造、加工组装等低端环节转移到低成本的发展中国家。例如，我国服装领域的知名代工企业——申洲国际，其 2020 年营业收入达到 230.3 亿元，耐克、阿迪达斯、优衣库、彪马四大客户贡献了超过八成的收入。

（二）布局集中型

全球产业链呈现在地理空间上聚集分布的特征。特定的要素资源条件为某一产业或某一产业链环节的布局发展提供了支撑，进而导致该产业或环节的企业大量集聚，乃至形成一个完整的、具有根植性的产业发展生态。例如，法国的葡萄酒加工产业集群、新西兰的乳品加工产业集群、日本爱知县的汽车产业集群、中国长三角的电子信息产业集群、中国珠三角的家电产业集群、美国硅谷的高新技术产业集群。我国长期被称为“世界工厂”，这是制造业在沿海地区集中布局、“供应买全球、产品卖全球”的鲜明体现。2012 年到 2020 年，我国制造业增加值从 16.98 万亿元增长到 26.6 万亿元，占全球的比重由 22.5%提高到近 30%，在 500 种主要工业产品中，有 40%以上产品的产量世界第一①；出口额高达 17.9 万亿元，占全球出口总额的 15.8%，第一大出口国地位进一步巩固。

外资的流向也是全球产业链布局集中的反映。联合国《2019 年世界投资报告》显示，2018 年全球前 20 个外资流入地中，半数为发展中经济体，包括中国、巴西、印度、墨西哥、印度尼西亚、越南等经济体。发展中经济体吸收直接投资体量已超过发达经济体，达到全球的 54%。

（三）制服分离型

在发达国家产业升级过程中，制造业大量向发展中国家转移，结构重心转向服务业，特别是在生产性服务业上的发展优势不断强化。受此影响，全球产业分工呈现“制造-服务分离”的发展格局，即发达经济体主要出口服务、进口商品，发展中经济体主要进口服务、出口商品，共同构成全球层面的产业大循环。2019 年，欧盟、美国、加拿大、日本、韩国 5 个主要发达经济体商品净进口约 8.7 万亿美元，商业服务净出口约 0.4 万亿美元（表 3-1 和表 3-2）。以美国为例，其信息通信、科技研发、金融等服务业领域高度发达，服务贸易顺差高达 2000 亿～3000 亿美元。中国、东南亚等发展中国家和地区是世界知名的加工制造基地，商品净出口规模大，但在金融投资、技术引进、研发设计、软件信息等领域高度依赖进口。

表 3-1　2010～2019 年欧盟、美国、加拿大、日本、韩国 5 个主要发达经济体商品进出口

年份	商品出口		商品进口		净进口/百万美元
	出口额/百万美元	占全球比重	进口额/百万美元	占全球比重	
2010	7 670 105	50.1%	14 952 729	96.9%	7 282 624
2011	8 899 403	48.5%	17 347 471	94.1%	8 448 068
2012	8 690 200	46.9%	16 924 808	90.7%	8 234 608
2013	8 847 949	46.7%	17 237 580	90.9%	8 389 631
2014	9 013 158	47.4%	17 550 016	92.1%	8 536 858
2015	7 993 365	48.3%	15 576 668	93.1%	7 583 303

① 《工信部：我国制造业增加值连续 11 年位居世界第一 占全球比重近 30%》，http://finance.sina.com.cn/jjxw/2021-09-13/doc-iktzqtyt5722593.shtml，2021 年 9 月 13 日。

续表

年份	商品出口		商品进口		净进口/百万美元
	出口额/百万美元	占全球比重	进口额/百万美元	占全球比重	
2016	7 951 219	49.6%	15 512 447	95.8%	7 561 228
2017	8 706 052	49.1%	16 991 439	94.5%	8 285 387
2018	9 451 460	48.5%	18 452 134	93.1%	9 000 674
2019	9 153 556	48.5%	17 860 178	92.8%	8 706 622

资料来源：根据世界贸易组织网站（https://timeseries.wto.org）数据整理而得

表 3-2　2010～2019 年欧盟、美国、加拿大、日本、韩国 5 个主要发达经济体商业服务进出口

年份	服务出口		服务进口		净出口/百万美元
	出口额/百万美元	占全球比重	进口额/百万美元	占全球比重	
2010	2 251 970	58%	2 061 936	55%	190 034
2011	2 526 507	57.7%	2 262 488	53.7%	264 019
2012	2 546 731	56.6%	2 267 538	51.8%	279 193
2013	2 734 520	56.8%	2 382 711	51.4%	351 809
2014	2 949 838	57.1%	2 550 247	50.8%	399 591
2015	2 798 500	57%	2 461 636	51.5%	336 864
2016	2 866 276	57.5%	2 532 029	52.5%	334 247
2017	3 107 823	57.3%	2 733 961	52.4%	373 862
2018	3 349 708	56.7%	2 905 536	51.8%	444 172
2019	3 397 772	56.4%	3 017 122	52.5%	380 650

资料来源：根据世界贸易组织网站（https://timeseries.wto.org）数据整理而得

（四）工贸互促型

随着发达国家与发展中国家制造-服务分离的不断深入，以机械、服装、家电、电子等为重点的终端产品贸易规模不断扩大。同时，随着产业链分工不断加深，材料、零部件等中间产品需要在参与分工的多个国家间频繁地进口和出口，造成了中间品贸易在国际贸易体系中迅速增长，国际贸易的重心从最终品贸易转移到中间品贸易。据统计，2010 年以来，全球贸易中约有 60%来自中间商品和服务贸易（江小涓和孟丽君，2021）。可以说，终端产品和中间产品贸易的快速发展，共同促进了全球贸易的普遍繁荣。在二战以后的很长一段时期内，一个国家在产业上嵌入全球分工体系、在贸易上融入全球市场体系，成为经济快速增长的重要支撑条件。工贸互促特征在日本、韩国、中国和东南亚的经济发展历程上得到深刻体现。这些国家和地区承接发达国家的劳动密集型产业转移，推行出口导向型战略，从而实现经济的快速发展。

（五）发达国家主导型

作为全球产业分工格局的关键性塑造者，发达国家和跨国公司通过直接投资建立研发基地、生产基地、子公司，以及与代工厂签订生产合同、在海外设立经销商等方式，整合各地要素资源和市场，构建起全球生产协作网络。联合国贸易和发展组织指出，跨国公司协调了全球价值链中 80%的贸易往来，全球生产链中的贸易增加值大多由跨国公司投资决定塑造（吴海英，2015）。对发达经济体而言，跨国公司在全球的各种资源配置活动，充分利用了各地区的劳动力、自然资源、政策支持、区位市场等条件，在实现自身发展与扩张的同时，为母国创造了巨大投资收益。在《财富》2019 年排行榜中，70%的世界 500 强企业来自发达经济体，仅有 30%左右来自发展中经济体（2015～2019 年各经济体世界 500 强企业数量见表 3-3）。这在一定程度上说明，绝大多数发展中国家企业在全球产业链中话语权缺失、处于从属和被支配地位。

表 3-3　2015～2019 年各经济体世界 500 强企业数量（单位：个）

国家	2015 年	2016 年	2017 年	2018 年	2019 年
中国	106	110	115	120	129
美国	128	134	132	126	121
日本	54	52	51	52	52
法国	31	29	29	28	31
德国	28	28	29	32	29
英国	28.5	25.5	23.5	20.5	16.5
韩国	17	15	15	16	16
瑞士	12	15	14	14	14
加拿大	11	11	11	12	13
荷兰	13.5	12.5	15.5	14.5	12.5
西班牙	8	9	9	9	9
巴西	7	7	7	7	8
澳大利亚	8	8	7	7	7
印度	7	7	7	7	7
意大利	9	9	7	6	6
爱尔兰	2	2	4	4	4
俄罗斯	5	5	4	4	4
墨西哥	3	2	2	4	4
新加坡	2	3	3	3	3
沙特	1	1	1	1	2

续表

国家	2015 年	2016 年	2017 年	2018 年	2019 年
卢森堡	1	1	1	1	1
比利时	2	2	1	1	1
瑞典	3	3	3	2	1
丹麦	1	1	1	1	1
奥地利	1	1	0	0	1
芬兰	0	0	1	1	1
泰国	1	1	1	1	1
马来西亚	1	1	1	1	1
印度尼西亚	2	1	1	1	1

资料来源：据《财富》数据统计

二、全球产业链演变的新趋势

（一）由国家间高度依存向强化自主发展转变

近年来，受金融危机影响，发达国家重新认识到实体经济的重要性，“再工业化”呼声高涨，并纷纷制订计划将制造业的投资和生产重新内迁（黄剑辉等，2017）。贸易保护主义抬头进一步强化了发达国家推动制造业回流、减少对外依赖的趋势，自主发展再次被提上议程。由此，原先在全球范围内分包的生产工序和环节，有可能回缩到跨国企业内部，或是回迁母国和母国邻近国家（刘志彪，2020）。以美国为例，2008 年金融危机之后，其先后制订“制造业回流计划”“国家制造创新网络计划”“美国优先计划”等，推动制造业加速回流国内。美国白宫国家经济委员会为激励企业回流，提出允许企业将迁回美国所发生的所有成本在当年进行100%的费用化处理，减少纳税总额，降低企业回流成本。2020 年 4 月 9 日，日本政府公布了涉及 108 万亿日元（约合人民币 7 万亿元）的经济刺激措施，计划将 2435 亿日元（约合人民币 158 亿元）用于“改革供应链”，其中 2200 亿日元用于帮助日本制造商将生产线迁回本土，235 亿日元用于资助日本公司将生产转移到东盟等其他国家以实现生产基地多元化。

（二）由产品内深度分工向链条扁平发展转变

在传统产业领域，发达国家起步早、技术领先、占据全球产业链制高点，后起的发展中国家主要是在技术、路径、市场等方面跟进学习，通过引进外商直接投资获得技术转移和技术溢出，形成典型的垂直分工格局。随着中国等发展较快的国家向技术前沿逼近，在一些技术和产业领域中，已经从追随者转变为同行者甚至领跑者，与发达国家在尖端技术、核心零部件和重大装备领域的竞争更加直面和激烈（李晓华，2016），国际上的重合竞争产业不断增多。另外，新技术的推广应用带来产品设计、生产、管理、服务等全产业链流程重构，研发与生产、生产与消费的兼容性大幅提升（倪红福，2021）。例如，电子商务兴起显著压缩了终端生产与消费之间的环节，智能化生产大大缓解了劳动力高成本和技能人才短缺对发达国家产业发展的约束。同时，随着 3D 打印等新技术的推广应用，以“短链”为特征的制造新模式开始兴起。例如，美国越野赛车 Local Motors 公司通过社会化生产方式，将越野赛车的个性化设计与制造分包给不同社区，在社区内的微型工厂实现快速小批量的设计和生产。

（三）由区域化集中布局向多元弹性布局转变

在新冠疫情带来冲击之后，各国逐渐意识到全球化过程中需要避免各种不可控因素带来的产业链断裂风险（李志刚，2020），传统路径固化的产业链集中布局的弊端凸显，全球产业链呈现多元弹性布局的趋势（戴翔和张雨，2021）。首先是更小范围内的产业链集群应运而生。企业生产链和供应链向更小范围、更加地区化的方向转型，建立更加稳定和安全的产业链协作，更好地对冲各种自然灾害、疫情灾难带来的风险（钱春海，2020）。其次是跨国公司更加重视多元化弹性布局。一些易受突发事件影响的全球产业链，可能不再像过去那样集中于某一区域或某一国家，转而分散布局在多个国家和地区。日本企业长期推行的“中国+1”投资战略将被更多企业采纳，其中，东南亚和南亚国家因为经济发展水平较低，享受到发达国家的普惠制（黄剑辉等，2017），替代我国成为国际供应链选择的可能性很大。

（四）由获取低要素成本向构建产业生态转变

随着新一轮科技革命和产业变革的快速推进以及国际经贸格局变化，一个国家、一个地区的产业发展不仅取决于生产制造或研发创新单个环节，更取决于是否拥有良好的产业发展生态，成为一个系统工程。这就需要改变过去只注重加工制造、生产成本、生产效率的狭隘观念，要更加重视产业发展主体和要素的互动联系及其发展生态的优化。相比于过去的单要素优势，产业生态是多个主体之间依存共生的多维度系统，需要建立由产业链中各类参与者、相关支撑要素以及政策支持等构成的协同作用、有机耦合的产业发展系统（陈琦，2019）。美国的一份研究报告认为，美国的经济发展和其在全球经济中的领导地位得益于一个精心构筑的创新生态系统（连远强，2017）。面对新的发展形势，美国等国家正在着力构建有利于重振制造业的产业新生态，这可能给全球产业分工格局带来深刻影响。

三、对我国的影响

（一）传统技术和市场合作路径被打破，我国参与全球产业链分工的既有空间可能被大幅压缩

技术引进和产品出口一直是我国产业发展的两大关键动力。在新的国际形势下，技术引进难度加大、产品出口受限，既有的产业发展路径在一定程度上被打破。一是美国加征进口关税将影响我国制造产品的国际竞争力，对出口导向型产业造成直接冲击；二是美国等发达国家对我国高科技企业实施制裁，加大对核心零部件、核心装备和核心软件的出口限制，将严重影响我国制造业转型升级的步伐。而且，我国传统要素优势格局正在发生重大变化，劳动、土地、资源等一般性要素成本刚性上涨，特别是我国进入劳动年龄人口供给减少、年龄结构加速老化的复杂时期[①]，以往支撑产业发展的要素数量、规模、成本等优势逐步消退。对比之下，东南亚、南亚等新兴经济体凭借劳动力成本低的优势，积极引进外国投资、承接国际产业转移，劳动密集型产业对我国的替代进程不断加深。因此，受发达国家打压和新兴发展中国家挤压双重影响，我国既有开放路径带来的产业发展动能和分工合作空间可能被大幅压缩。在分工存量盘被挤压的情况下，如何在全球产业链分工中稳住存量盘、做大增量盘成为一个重要而紧迫的问题。

（二）新要素、新产业、新生态竞争加剧，我国突破短板应对挑战推动产业转型发展难度不小

发达国家在重振制造业战略中，都将高新技术、智能、电子、信息、数字等作为关键点，对"创新要素"更是高度重视。这与我国以创新为核心的产业转型升级和制造业高质量发展的思路基本一致。然而，创新要素是一种战略性稀缺资源，全球范围内对创新要素的争夺将更加激烈（关成华，2020）。站在发达国家的角度来看，维持全球领先的科技创新优势关系到欧美等发达国家和地区的核心利益，也关系到发达国家在国际经济竞争中的地位，其对科技创新优势具有高度敏感性（郎丽华和冯雪，2021）。在这种情况下，国际上有可能形成发达国家对我国创新能力进行打压遏制与我国进行反打压、反遏抑制的博弈局面。美国等发达国家很可能会利用其在知识、技术、标准、知识产权等方面的领先地位和先发优势，强化对我国知识和技术的封锁（袁于飞和蒋程，2020），迟滞我国产业升级。国际比较来看，我国科技创新瓶颈明显，技术创新成果中真正有用、原创、价值含量高的专利数量偏少，核心技术受制于人、"卡脖子"问题突出，要在短时间内构建

① 参见清华大学、复旦大学 2016 年 11 月发布的《中国劳动力市场技能缺口研究》。

创新生态、实现技术赶超并非易事。

四、应对策略

（一）聚焦厚植制造业发展生态，提高产业链畅通循环水平和基础支撑能力

首先畅通产业链条，提高产业耦合协作能力和根植黏着性。发挥产业链龙头企业和产业集群的引领带动作用，提高装备、电子、信息、材料等不同产业间的配套协作水平，提升整机与零部件、装备与系统软件、制造与增值服务的融合发展水平，畅通产业链上下游、前后侧，释放现代产业体系的内生耦合和畅通循环效应。其次聚焦产业转型升级，推动共性和关键技术平台建设。顺应制造业智能化、绿色化发展趋势，结合不同产业领域，分类推动智能化改造、绿色化转型、工业大数据等公共平台建设，构建不同层次的智能化制造系统，全面推广绿色基础制造工艺和装备，重塑制造业转型发展新模式。聚焦产业发展的痛点、堵点和难点，整合产业链资源，创新机制模式，推进重大关键共性技术研发平台建设，加快产业迈向中高端、提高核心竞争力。最后夯实提升技术技能人才优势。加强教育和产业统筹融合发展，支持引导高校与企业深化产教融合，研究建设一批培养专门技术人才的应用型大学，完善以高水平技术技能人才为主的教育和培训体系，适应新技术推广应用下的人机协同发展需要，培养造就高素质的工匠人才队伍。

（二）加快新兴前沿产业布局，争取在新一轮产业变革中形成先发领先优势

根据《〈中国制造 2025〉重点领域技术创新绿皮书》，在“中国制造 2025”十大优先发展领域的细分产业中，通信设备、轨道交通装备、电力装备 3 个产业处于世界领先水平，重点核心技术取得突破，整体研发能力和产品水平大幅提升，产品可靠性及技术指标国际领先；航天装备、海洋工程装备及高技术船舶、新能源汽车 3 个产业达到世界先进水平，拥有一批技术领先的龙头企业和较为完整的产业链。根据《国家数字竞争力指数研究报告（2019）》，我国数字经济竞争力在全球处于领先地位，在《福布斯》发布的“全球数字经济 100 强榜单”中，我国有 14 家企业上榜，仅次于美国（38 家），排名第二（余昌华，2021）。而且，我国网络基础环境持续优化，新型基础设施建设不断加快，已经建成全球最大规模的光纤和移动通信网络，新技术应用场景也在逐步建立起来，对形成新形态、扩大新供给、繁育新模式形成有力支撑①。因此，我国抓住需求升级和技术创新的窗口，有希望在重大、新兴和前沿领域提前布局、占得先机，实现进位抢位发展，

---

① 《国家互联网信息办公室发布〈数字中国发展报告（2020 年）〉》，http://www.gov.cn/xinwen/2021-07/03/content_5622668.htm，2021 年 7 月 3 日。

进而形成在新一轮国际分工和全球产业链重构中起到引领作用的发展新优势。

（三）立足完备扎实的产业体系优势，积极有序推动产业链再造重构

顺应产业转移和市场规律，统筹国内国外产业发展，构建新型区域分工协作关系，提高国内产业链自主发展和国内国际产业双循环水平。一是优化国内产业布局，提高区域梯度分工和协作水平。立足不同区域发展条件和水平差异大、互补性强的特点，推动东部地区产业转型升级、迈向中高端，创造更好条件、更大力度支持有条件的地区承接国内外产业转移，加快传统产业在转移和转型中重塑竞争力、焕发新活力，新兴产业在转移和协作中形成发展合力、释放增长潜力，进一步拓展我国经济发展空间、回旋余地，增强国内产业体系协调性和坚韧性。二是积极整合利用国外资源要素和市场，加强与日本、韩国、欧盟、俄罗斯等地区的创新合作，深化与《区域全面经济伙伴关系协定》（Regional Comprehensive Economic Partnership，RCEP）等产业分工地区的产业链合作，推进与“一带一路”沿线等需求潜在国家的市场合作。支持具备技术、产品、产能和市场优势的国内链主企业“走出去”，以 RCEP、俄罗斯、东欧等地区为重点，加快构建我国企业主导的区域产业链，逐步向更高水平的全球产业链跃升，推进国内产业链协作关系向国际化拓展延伸，提高企业价值链治理能级和国际分工位势。

参考文献

陈琦. 2019. 陈琦：构建产业生态 实现共生、互生与再生[EB/OL]. http://opinion.jrj.com.cn/2019/07/18161227857512.shtml[2019-07-18].

戴翔，张雨. 2021. 全球价值链重构趋势下中国面临的挑战、机遇及对策[J]. China Economist, 16(5): 132-158.

丁宋涛，刘厚俊. 2013. 垂直分工演变、价值链重构与“低端锁定”突破——基于全球价值链治理的视角[J]. 审计与经济研究, 28(5): 105-112.

关成华. 2020. 关成华：把握全球城市创新趋势，提升北京科创中心能级[EB/OL]. http://www.cistds.org/content/details38_1195.html[2020-09-27].

黄剑辉，李岩玉，郭晓蓓，等. 2017. 欧美“再工业化”成效及对我国的启示与借鉴[R]. 中国民生银行研究院.

江小涓，孟丽君. 2021. 内循环为主、外循环赋能与更高水平双循环——国际经验与中国实践[J]. 管理世界, 37(1): 1-19.

郎丽华，冯雪. 2021. 中美科技关系走向研判[J]. 开放导报, (6): 22-30.

李晓华. 2016-05-03. 唯有创新方能成为领跑者[N]. 人民日报, (23).

李志刚. 2020-04-27. 中国应尽快建设区域性产业链集群[N]. 人民日报, (5).

连远强. 2017-08-09. 打造产业创新发展的良好生态[N]. 人民日报, (7).

刘志彪. 2020. 中国应对全球产业链内向化的政策建议[EB/OL]. https://baijiahao.baidu.com/

s?id=1666447162820295413&wfr=spider&for=pc[2020-05-12].
倪红福. 2021. 新工业革命与全球产业链重构[J]. 环球, (1): 16-17.
钱春海. 2020-04-25. 疫情冲击与全球供应链的新变化[N]. 中国经营报, (4).
王喜文. 2016. 工业 3.0 是 G7 的时代, 工业 4.0 是 G20 的时代[J]. 物联网技术, 6(10): 5-6.
吴海英. 2015. 全球价值链：国际贸易的稳定器[J]. 中国海关, (3): 22-23.
余昌华. 2021-12-02. 中国数字经济离美国还有多远[N]. 中国经营报, (4).
袁于飞, 蒋程. 2020-09-15. 我国知识产权“全链条”发展水平大幅提升[N]. 光明日报, (8).

第四章

我国产业链发展现状评价

当前，我国产业链发展已经取得一些重大成效，具有全球最完整、规模最大的工业体系，以及强大的生产能力、完善的配套能力，部分产业在国际市场中的市场份额、质量、品牌等方面已具备一定的竞争优势。但也存在一些安全隐患，关键领域的基础材料、关键零部件、先进工艺、工业软件的“卡脖子”问题严重，部分领域产品附加值偏低、美国出口管制加强等问题严峻，沿海地区企业外迁引发的产业链外迁风险不容忽视，外资安全审查法规制度滞后，导致国内部分产业存在控制权丧失的风险。习近平总书记指出，“要牢固树立安全发展理念，加快完善安全发展体制机制，补齐相关短板，维护产业链、供应链安全，积极做好防范化解重大风险工作”①。必须以习近平总书记的相关论述为根本遵循，着力堵住风险和漏洞，确保我国产业链供应链安全。

一、我国产业链安全发展的主要成效

（一）从产业链的完整性看，关键领域产业链较为完备、产业配套能力较强

目前，我国具有全球最完整、规模最大的工业体系、强大的生产能力、完善的配套能力，部分领域产业链较为完备、产业配套能力较强。如我国航天装备处于世界先进水平，经过60年的发展，我国已经建立功能完善、设施完备的现代航天产业体系，拥有包括卫星、导弹、运载火箭、载人航天、深空探测等方面的全面研制生产能力，航天产品的设计、制造、试验验证能力达到国际先进水平；航天企业成功探索了符合自身特点和创新规律的技术创新道路，建立了较为完善的生产研发技术体系。通信设备产业经过多年发展，已经形成了较为完整的产业链，产业规模达到世界第一，重点核心技术取得突破，涌现出了华为、中兴等知名企

① 参见2020年5月24日《人民日报》第1版文章：《习近平在看望参加政协会议的经济界委员时强调：坚持用全面辩证长远眼光分析经济形势 努力在危机中育新机于变局中开新局》。

业。轨道交通装备产业通过引进消化吸收再创新，产业整体研发能力和产品水平大幅提升，核心关键技术不断取得新突破，已经构建了完整的产业链，其中高铁已成为我国高端装备“走出去”的一张亮丽的名片。围绕整机产品研发生产，国内企业进一步提高了制动系统、牵引控制系统、网络控制系统、空气弹簧、齿轮箱等关键系统和重要零部件国产化水平，进而进一步提升了我国轨道交通装备产业基础能力和产业链水平。目前，我国已经形成强大的轨道交通装备产品批量制造能力，高端装备产品种类齐全，高铁、城轨、地铁等产品已处于全球领先地位，不但满足了我国铁路和城市轨道交通建设需求，还能向西方发达国家市场出口相关产品。

（二）从产业链的关键环节看，一些核心零部件、基础材料等“四基”产品有力支撑重点产业发展

目前，我国部分工业基础产品和技术实现了从无到有，从有到优，有力支撑了航空航天、先进轨道交通、机器人、工程机械、节能与新能源汽车等领域的发展。在先进轨道交通领域，高速动车组齿轮传动系统解决了制约高铁装备发展的重要基础瓶颈，打破了德国和日本企业的垄断，实现了进口替代，各项性能指标均达到或高于国外产品，并且在轻量化、振动和温度控制技术方面处于国际领先水平。核心零部件方面，在市场拉动和政策支持下，我国集成电路产业技术创新能力显著提升，集成电路设计、制造能力与国际先进水平的差距不断缩小，封装测试技术逐步接近国际先进水平，部分关键装备和材料被国内外生产线采用，涌现出一批具备一定国际竞争力的骨干企业，产业集聚效应日趋明显。如在基础材料领域，中厚板高端航空铝材已用于大飞机等领域，高铁用铝材全部实现了国产化，超粗、超纯和超细均质硬质合金、钛合金大规格挤压材/锻件以及稀有金属其他深加工材料都取得了重大进展，新一代浮法玻璃技术达到国际先进水平，且全线装备基本国产化。

（三）从产业链国际竞争力看，部分产业在国际市场中市场份额、质量、品牌等方面已具备一定的竞争优势

我国产业正从全球价值链的低端向中高端艰难攀升，与发达国家之间的差距正在逐步缩小，部分产业在国际市场中的份额、质量、品牌等方面已具备一定的竞争优势。如北斗卫星导航系统国际化进程也在加速，北斗高精度产品出口 90 多个国家和地区，北斗地基增强技术和产品成体系输出海外；国际民用航空组织批准北斗星基增强服务商标识号和标准时间标识号，国际搜救卫星组织将北斗纳入全球卫星搜救系统计划。在电子信息通信领域，浪潮服务器销量位居全球第五、中国第一，国际化业务 2019 年已拓展至全球 85 个国家和地区，在美国、日本、

拉丁美洲等多个国家和地区设立研发中心和工厂，产品和方案广泛应用于全球数据中心、超算中心、税务、教育、智慧政府等领域。生物医药领域，2019 年美国食品药品监督管理局（Food and Drug Administration，FDA）批准了百济神州研发的 BTK（Bruton's tyrosine kinase，布鲁顿酪氨酸激酶）抑制剂 Brukinsa（泽布替尼）上市，该药是获得美国上市批准的中国本土原研抗癌药，也是首款获得 FDA"突破性疗法"身份认定、"优先审评"资格的中国本土原研新药，实现了中国抗癌新药"零的突破"。

（四）从产业链安全的政策法规环境看，鼓励利用外资并维护国内产业安全的政策法规体系逐步完善

从国家层面的政策举措来看，我国已经初步形成利用外资和鼓励"走出去"的政策体系，各部门也在积极采取举措落实。在利用外资安全审查方面，2011 年商务部发布《实施外国投资者并购境内企业安全审查制度的规定》，这是我国首个正式针对外国并购中国公司的安全审查制度。2015 年《中华人民共和国国家安全法》出台，作为一部框架法，它规定了维护国家安全的一般原则和义务。该法第五十九条规定"国家建立国家安全审查和监管的制度和机制，对影响或者可能影响国家安全的外商投资、特定物项和关键技术、网络信息技术产品和服务、涉及国家安全事项的建设项目，以及其他重大事项和活动，进行国家安全审查，有效预防和化解国家安全风险"。2019 年《中华人民共和国外商投资法》发布，其中第三十五条明确国家建立外商投资安全审查制度，对影响或者可能影响国家安全的外商投资进行安全审查。2021 年 12 月，国家发展改革委和商务部联合发布了《外商投资准入特别管理措施（负面清单）（2021 年版）》，与上一版负面清单相比，全国外商投资准入负面清单由 33 条进一步减至 31 条。负面清单是我国利用外资和事关我国产业链安全的重要政策文件，也是我国外资准入施行"准入前国民待遇+负面清单管理"制度的重要抓手。

二、我国产业链发展存在的主要安全隐患

（一）从产业链的关键环节看，关键领域的基础材料、关键零部件、先进工艺、工业软件的"卡脖子"问题严重

总体来看，目前我国关键领域的基础材料、关键零部件、先进工艺的"卡脖子"问题还远没有得到根本解决，工业软件研发应用薄弱的问题突出。据中国工程院《工业强基战略研究》的分析，我国关键基础材料、核心基础零部件（元器件）、先进基础工艺、产业技术基础等对外依存度仍在 50%以上。产业发展需要

的高档装备、核心领域的芯片和控制系统很多都依赖进口，95%的高档数控系统、80%的芯片、80%的石化装备、70%的胶印设备依靠进口，几乎全部高档液压件、密封件和发动机都依靠进口。这些核心技术对我国而言，大多可以算作跟跑，甚至有的项目连跟跑也困难。特别是发达国家在一些关键技术与核心产品上对我国实施出口管制，我国集成电路、基础软件、互联网、高端生产装备、新材料等多个领域都存在产业安全风险隐患，相关制造业不仅面临低端锁定困境，产业链安全和供应链安全也得不到保障。如 PC、服务器的 CPU 芯片以及手机等移动终端中需求量最大的存储芯片几乎完全依赖进口。在芯片设计软件 EDA（electronic design automation，电子设计自动化）领域，我国芯片企业的 EDA 软件大部分都由 Synopsys、Cadence 和西门子旗下的 Mentor Graphics 三家公司提供。

（二）从产业链的国际环境看，部分领域产品附加值偏低、美国出口管制加强等问题严峻

整体来看，我国产业国际竞争力亟待提升，部分领域产品附加值偏低，高端产品国际市场份额占有率偏低，品牌效应不强。特别是我国企业知识产权运用能力偏低、管理经验不足，“走出去”的过程中跨国公司对高技术产品的知识产权壁垒逐步提高，我国企业常常遭到国际标准与专利池的阻滞。在全球生物医药领域，美国、欧洲、日本仍是全球医药产业发展领先地区，美国生物药品在全球市场占主导地位，而我国医药出口仍以化学原料药为主，重磅产品少。另外，随着美国对华战略的调整及中美贸易摩擦升级，美国、欧洲、日本等发达国家和地区开始逐步改变“以中国为中心的全球供应链体系”，我国产业发展的外部环境发生巨大变化，面临的风险和挑战明显增大。特别是美国出口管制、投资限制等将严重影响我国产业链安全。从近期美国出台的法律法规可以看出，美国出口管制法早已超越“国家安全”的目标，而是要通过加强对“新兴与基础技术”的出口管制“保持美国在新兴技术领域的国际领先地位”。从近年来的一系列措施和执法活动来看，其目标直指中国企业，手段包括切断供应链、阻断技术出口等，对部分企业供应链安全产生了非常大的影响。据调研企业反映，受中美贸易摩擦影响，部分严重依赖国外原材料、元器件的企业，其零部件采购交货周期开始延长，且货源也不稳定。

（三）从产业链的区域布局看，沿海地区企业外迁引发的产业链外迁风险不容忽视

受中美贸易摩擦不断升级影响，叠加国内人工成本上涨、资源环境压力等因素影响，沿海地区外资企业正加速向东南亚国家转移，未来可能会扩展到关键零

部件乃至整个产业链上下游企业链条式外迁。早期已有耐克、阿迪达斯、优衣库等服装纺织企业将部分工厂转移至了东南亚。特别是近期受新冠疫情冲击，为避免美国高额关税和分散产业链风险，跨国企业正谋划将组装环节加速向东南亚国家转移。根据《日经亚洲评论》的报道，谷歌和微软正将其新手机、个人计算机和其他设备的生产从中国转移到东南亚国家。同时，美国、欧洲、日本等发达国家和地区也积极出台政策鼓励企业迁出中国。这也促使更多外企采取“中国+X”策略，将其作为分散供应链风险的一种方式。部分在我国根植性不深的跨国企业外迁，进而带动整个产业链上下游企业链条式外迁，将可能破坏我国产业体系完整性，这将严重威胁到我国产业链供应链安全，需要提前研判其风险。

（四）从产业链安全的政策法规环境看，外资安全审查法规制度亟待完善

当前，我国关于外资并购的国家安全审查制度虽然已经初步建立，但在实际应用中，现有制度在维护国家主权以及我国经济安全方面有所不足。特别是国内产业链安全相关立法和政策的滞后和不完善，将会导致国内部分产业存在控制权丧失的风险。我国外资国家安全审查制度的建立、实施、监督都需要宪法的合法性支持。目前我国宪法并未明确对国家安全做出清晰的条款规定，导致外资国家安全审查的法律体系建设缺乏原则性的指导。《中华人民共和国外商投资法》已正式生效施行，这标志着中国迈出了“制度型开放”的实质性步伐。但一项完善制度的建立，不能只依靠某部法律的原则性规定。同时，在外资安全审查领域，目前中国的立法仍处于碎片化阶段，现有法规仅对外资国家安全审查制度确立合法性做出说明，而外资国家安全审查制度实施的程序、审查范围、权限等具体问题依然无专门法可依。

三、防范措施

（一）加强产业链薄弱环节科技攻关，提升关键核心技术支持能力

进一步加强国家层面的战略研究，深入、全面分析科技、产业领域的现状和发展趋势，找准真正容易被西方发达国家“卡脖子”的核心技术、重大装备和产业领域，坚持问题导向和需求导向，发挥新型举国体制优势，组织力量开展集成研究、协同攻关，按照急需、短期、长远需求等分阶段突出重点分布组织实施技术攻关，最大限度地发挥科技对产业的支撑作用。加大重大共性关键技术突破，结合当前我国产业发展瓶颈，加快建立以企业为主体、市场为导向、产学研结合的技术创新体系，组织开展跨行业、跨领域、跨区域的产学研用协同创新，强化技术创新支持政策，着力攻克一批共性关键技术，解决产业链发展中的技术瓶颈。

坚持市场机制与政府作用相结合，发挥市场对技术研发方向、路线选择及各类创新要素配置的决定性作用，同时强化国家战略引领，引导创新要素更多投向核心技术攻关，大力营造公平竞争的市场环境。

（二）加强国际交流合作，提升产业链国际竞争力

全方位加强国际交流合作，积极主动融入全球科技创新网络，以实施外商投资法等为契机，切实加强包括知识产权在内的产权保护，聚焦国内急需的关键技术以及应用技术瓶颈，加强与日本、欧洲科研机构合作，吸引境外原创技术孵化落地。发挥中国在生产制造方面的优势，加强与日本、韩国跨国企业合作，统筹优化要素组合、研发创造、生产制造等产业链环节，聚焦集成电路等领域薄弱环节，鼓励和支持企业开展开放创新和合作创新，共同创建东亚产业链供应链，提高我国产业链的韧性和抗风险能力。同时，加强与“一带一路”沿线友好国家、企业开展交流合作，实现互利共赢。

（三）加强产业集聚发展，提升产业链可控能力

更加突出集群化发展模式，将我国产业链供应链优化布局与区域均衡发展结合起来，适当将供应链的上下游企业向大城市周边、中小城市转移，以提高产业链供应链的风险应对能力。以国家级园区为抓手，根据比较优势、创新活动强、发展前景好等原则，支持有关省区市开展世界级产业集群创建活动，推动区域性产业集群协同联动发展，鼓励形成更多的国内经济循环和联系，适度替代全球价值链弱化的负面效应。引导创新资源向骨干企业集聚、扶持政策向骨干企业倾斜，加快培育一批全球领军企业、“瞪羚”企业、“独角兽”企业，在全球产业发展中具有话语权和影响力。综合施策保障优秀企业供应链安全，提升企业供应链的主导力和管控力，将中国优势长期稳定地嵌入到全球供应链体系中。

（四）加快构建外资安全审查政策法规体系，加强产业链安全制度保障

加快构建完善的外资安全审查政策法规体系，更好平衡对外开放与利用外资的关系，切实保护我国产业链安全。建立我国产业的供应链安全评估制度，完善全球供应链风险预警与应对机制，形成针对重点行业供应链的深层次安全管理体系。加强外资安全审查配套立法，并对原则性规定进行具体阐述。完善外资安全审查机构，借鉴其他国家的成熟做法，建立常设性的外资安全审查机构，同时设立理事单位，对涉及国家安全的外国投资（包括绿地投资和并购投资）进行审查。科学把握安全审查标准及范围，结合我国在外资准入领域全面实行“准入前国民待遇+负面清单”管理模式，出台实施细则，增加对“关键基础设施”、“关键技术”和“关键资源”等词的解释，明确其范围，并根据国际形势随时调整考虑因

素，使审查标准兼顾操作性和动态性。

参考文献

国家发展和改革委员会创新和高技术发展司，中国生物工程学会. 2019.中国生物产业发展报告 2018[M]. 北京：化学工业出版社.
胡志坚. 2017. 技术革命的机遇与挑战[J]. 科技中国, (10): 44-45.
姬云香. 2019. 外资国家安全审查制度发展与中国的应对策略研究[J]. 社科纵横，34(8): 42-48.
冀承, 郭金兴. 2019. 美国外国投资国家安全审查制度的历史变迁、制度设计及中国的应对[J]. 国际贸易, (6): 69-78.
姜江, 洪群联, 等. 2016. “十三五”产业新增长点：打造经济发展新引擎[M]. 北京：中国市场出版社.
刘红梅, 陈文苑. 2017. 中国集成电路产业未来发展之路探析[J]. 当代经济, (4): 69-71.
吕薇，马名杰，戴建军，等. 2018. 转型期我国创新发展的现状、问题及政策建议[J]. 中国软科学, (3): 10-17.
孟月.2019. 信通院何桂立 我国正处于 5G 发展的最关键时刻[J]. 通信世界, (14): 14.
沈伟. 2019. 美国外资安全审查制度的变迁、修改及影响——以近期中美贸易摩擦为背景[J]. 武汉科技大学学报(社会科学版), 21(6): 654-668.
谭天伟，等. 2019. 生物产业发展重大行动计划研究[M]. 北京：科学出版社.
王龙兴. 2018. 2018 年中国集成电路产业融入全球半导体发展的展望[J]. 集成电路应用, 35(4): 3-6.
王志刚. 2019. 坚持“三个面向”战略方向 加快建设创新型国家和世界科技强国[J]. 行政管理改革, (3):4-11.
徐晨，孙元欣. 2018. 外资安全国家审查制度国际比较与借鉴[J]. 上海经济研究，(8): 103-114.
薛澜. 2018. 中国科技创新政策 40 年的回顾与反思[J]. 科学学研究, 36(12): 2113-2115，2121.
尹训飞. 2019. 制造业产业链安全现状与对策[J]. 中国工业和信息化, (7): 54-59.
张光，廖紫祎. 2019. 高度开放背景下的外资安全审查制度[J]. 人民法治, (7): 28-30.
张焕波，史晨，杜靖文，等. 2017. 负面清单管理模式下我国外商投资监管体系研究[J]. 全球化, (4): 63-78,134.
郑聿舒，安丽. 2019. 中美外资并购国家安全审查制度的对比研究[J]. 四川省干部函授学院学报, (2): 130-133.
“中国工程科技 2035 发展战略研究”项目组. 2019. 中国工程科技 2035 发展战略 · 医药卫生领域报告[M]. 北京：科学出版社.
中国工程院工业强基战略研究项目组. 2017. 工业强基战略研究(卷Ⅱ)[M]. 北京：电子工业出版社.
中国信息与电子工程科技发展战略研究中心. 2017. 中国电子信息工程科技发展研究[M]. 北京：科学出版社.

第五章

部分国家供应链安全战略的做法与启示

20 世纪八九十年代以来，随着供应链管理的理论和方法在企业实践中取得积极成效，同时经济全球化不断加深使得全球供应链成为各国参与国际分工合作和配置要素资源的重要组织形式。美国、英国等发达国家较早认识到供应链对社会经济发展的重要作用，将供应链从企业微观层面上升到国家战略和全球治理的宏观层面，基于不同的问题导向制定了大量的供应链政策，把供应链政策视作提升产业竞争力和经济实力的重要手段以及推进多边合作的战略工具。无论政策的直接着力点是保障关键产品物料供应，是提升制造业供应链竞争力，还是抵御供应链自然风险，最终目的都是维护产业链供应链的稳定性和弹性，进而维护本国、本地区产业安全、经济安全和国家安全。梳理研究发达国家供应链政策和安全战略的演进历程和主要举措，可以为我国构建供应链安全战略、保障国家产业安全和经济安全提供重要的借鉴和启示。

一、美国：以维护国家安全为目标，保障关键产品物料供应

（一）战略背景和演进

美国是最先提出并系统实施供应链国家战略的发达国家（何明珂和王文举，2018）。美国的供应链政策主要基于安全视角，其目的是保障本国的经济安全、民生安全、国防安全，最终确保国家安全。从具体内容来看，美国政府的供应链政策大都聚焦重点领域（如国防安全、民生安全、国际贸易）关键产品和物料的供应，较少涉及微观市场主体之间供应链协同的问题。因此，可将美国供应链政策视作关键产品物料的供应政策。

自 1993 年开始，历任美国总统都会就供应链发布行政命令或国家战略，美国联邦政府主要部门均制定、实施过关于供应链的政策。美国国防部 1996 年成立哥

伦布美国国防部供应中心，2005 年制定了《供应政策和程序手册》(*Supply Policy and Procedures Manual*)(U.S. Department of Homeland Security and United States Coast Guard，2005)，以该手册为指导构建了完备的军事物资供应链组织和流程。美国农业部搭建了基于网络的供应链管理（Web Based Supply Chain Management，WBSCM）系统（U.S. Department of Agriculture，2013），用于推进和保障食品营养供应链的运行。美国国会于 2013 年通过由美国食品药品监督管理局制定的《药品供应链安全法案》(U.S. Food & Drug Administration，2013)。2011 年 11 月，美国商务部成立了最多由 45 位非政府部门委员（包括供应链企业代表、供应链相关协会组织和供应链领域的学者）组成的供应链竞争力咨询委员会（Advisory Committee on Supply Chain Competitiveness）(U.S. International Trade Administration，2011)，两年一个任期，为商务部提供有关供应链竞争力的政策建议，以支持美国对外贸易，提升国家竞争力和供应链竞争力。美国国土安全部尤其重视供应链视角下的国家安全问题。2007 年，美国国土安全部发布《加强国际供应链安全战略》(U.S. Department of Homeland Security，2007)，旨在保障货物在国别间运输的安全性。2011 年，美国国土安全部和欧盟委员会签署《供应链安全联合声明》(U.S. Department of Homeland Security and European Commission，2011)，声明指出恐怖袭击是各国供应链安全的直接威胁因素，提出建立美国和欧盟之间关于供应链安全的双边紧密合作机制，并积极推动与国际海关组织、国际民用航空组织、国际海事组织、万国邮政联盟等多边国际组织的合作，以消除潜在的国际供应链安全风险。

2012 年 1 月，时任美国总统奥巴马代表白宫签署了《全球供应链安全国家战略》(U.S. Department of Homeland Security，2012)，该文件指出，“美国和世界各国都通过全球供应链系统来保障商品的高效和安全运输，支撑国际贸易的全球供应链系统对美国经济和安全至关重要，是一项关键的全球资产”。该文件进一步明确了美国供应链国家战略力图实现的两大战略目标：一是“促进商品的高效和安全运输”，二是“培养具有弹性的供应链”。《全球供应链安全国家战略》标志着美国从全球供应链的视角出发，将供应链上升到国家战略的高度。此后，美国还相继发布了一系列全球供应链安全国家战略实施更新报告，以持续评估和管控《全球供应链安全国家战略》的推进和实施情况。2017 年 12 月，美国白宫发布了特朗普任期内第一份《国家安全战略报告》(Trump，2017)，其中 7 次提到供应链，主要相关内容包括切断恐怖组织和跨国犯罪集团的全球供应链，建立健康、安全和有弹性的国防供应链，维护本国供应链完整性等。2021 年 2 月，美国总统拜登签署其上任以来的第一份供应链的总统行政令，要求对稀土元素、电动汽车电池、药品和半导体四个领域加强供应链审查。近几年来，美国政府陆续出台了供应链安全相关政策（表 5-1）。

表 5-1 美国近年来出台的供应链安全相关政策

机构	政策名称	时间	政策内容
美国国土安全部	《以制裁反击美国敌人法案》	2018年1月	对俄罗斯、伊朗、朝鲜进行制裁，特别是在美国认为可能对其国家安全造成威胁的领域增加了额外制裁
美国国土安全部	《以制裁反击美国敌人法案》第3篇第321(b)节	2018年3月	对企业在供应链中使用朝鲜劳务、朝鲜生产产品等违规行为的推定原则进行了明确说明，并要求企业进行尽职调查
美中经济安全审查委员会	《美国联邦信息通信技术中来自中国供应链的脆弱性分析》报告	2018年4月19日	中国与优先自主生产、跨国企业获得特许权、将中国企业作为国家工具，以及针对美国联邦网络和联邦承包商网络相关的政策增加了美国信息和通信技术产业的供应链风险，也增加了美国国家和经济安全风险
美国国土安全部	《网络安全战略》	2018年5月	到2023年，国土安全部将通过提高政府网络和关键基础设施的安全性和复原力来改善国家网络安全风险管理；并通过国土安全部统一的规划、强有力的领导以及与其他联邦和非联邦实体的密切合作，培育更安全可靠的网络生态系统
美国国会	《电信、全球竞争力和国家安全》	2018年5月	看似私人企业的外国供应商其实与本国的军事和政治机构紧密联系在一起
美国国防部	《脆弱的美国国防工业基础》报告	2018年5月22日	美国对中国关键材料呈现出“惊人”的依赖，中国是美国稀土等材料的唯一进口来源国
美国总统、两院	《2019财年美国国防授权方案》	2018年8月13日	强调了国家安全问题源于对华为、中兴和卡巴斯基实验室的产品的使用。要求美国各政府机关必须依据各自的供应链提出一套执行计划，包括各机关如何处理原产地不明的“白标科技产品”的供应链问题。要求美国外国投资委员会更加严格地审查外资收购美国公司，并对外国投资美国企业提供国家安全评估报告
美国国防部	《空军航天司令部供应链风险管理的战略能力》报告	2018年8月14日	供应链管理是空军航天采办管理的盲点，空军航天司令部要确定所有关键组件和相关供应链，提出明确要求以指导关键零部件供应商风险评估
美国国防部	《评估和强化制造与国防工业基础及供应链弹性》非密版报告	2018年10月5日	美国国防工业基地“令人惊讶地”依赖“竞争国家”；美国国防工业基地面临“前所未有的挑战”，“威胁到国防部为今晚‘战斗’做好准备的能力”；有280多项产品的供应链严重依赖外国，尤其是中国的进口零部件和稀土；中国利用“不公平产业政策”，系统性地破坏了美国制造业，影响了美国国防工业基础，需要通过政府补贴和立法限制中国产品等做法，复兴美国国防工业

资料来源：赵蒙和潘坚（2019）

（二）主要举措和内容

美国供应链安全政策的主要举措有如下四个方面。

一是加强供应链安全风险评估和预警。美国政府各级部门通过供应链风险管理技术方法识别关键领域的物资、基础设施，并据此大幅加强对不同领域供应链脆弱性的评估和预警。例如，信息通信技术和服务的供应链安全已成为美国政府的关注重点。自 2012 年美国众议院情报常设特别委员会发布《关于中国电信设备公司华为和中兴对美国国家安全构成威胁的调查报告》以来，美国将供应链安全作为国家安全的重要关键因素，通过立法、行政命令、国会决议等多种形式加强安全审查。2018 年，美中经济安全审查委员会、国土安全部、联邦通信委员会等部门相继发布《美国联邦信息通信技术中来自中国供应链的脆弱性分析》《美国信息和通信技术产业供应链风险评估》等报告。同年，美国国防部摸排了美国制造业及国防工业所面临的严峻形势、存在的风险，发布了《评估和强化制造与国防工业基础及供应链弹性》非密版报告。2020 年 2 月，美国国防工业协会（National Defense Industrial Association，NDIA）发布《关键表征 2020：国防工业基础健康与战备状况》报告，得出美国国防工业健康发展状况综合得分 77 分（等级为 C 级）、下降趋势令人担忧的结论（专栏 5-1）。

专栏 5-1 美国国防工业协会关于国防工业健康情况评价指标体系

2018 年美国行政命令第 13806 号《评估和强化制造与国防工业基础及供应链弹性》指出，美国国防工业基地的健康状况是美军准备好应对近期威胁和长期对抗战略对手的关键。尽管 13806 号报告对国防工业基地的“前所未有的一系列挑战”进行了清楚的分析研判，但它并没有制定一套测度国防工业健康状况的指标体系和评估方法。为了填补这一空白，2020 年美国国防工业协会实施了一项名为“Vital Sings”（关键表征）的研究项目。为此美国国防工业协会以综合指标指数方式，设计了一个 8 个维度、45 个指标（表 5-2）的评价指标体系，对美国国防工业发展状况进行了评估。

表 5-2 美国国防工业健康情况评价指标及得分情况

因素		指标	2017 年	2018 年	2019 年	2017～2019 年变化
竞争水平						
1	盈利能力	加权平均核心营业利润率（销售利润率）	92	94	97	+5
2		加权平均资产收益率	71	73	76	+5
3	现金可用性	加权平均现金流	96	100	100	+4

续表

因素		指标	2017 年	2018 年	2019 年	2017～2019 年变化
竞争水平						
4	资本投资	加权平均资本支出	100	97	99	–1
5	市场集中度	市场集中度(赫芬达尔-赫希曼指数)	100	100	100	+0
6	外资控制度	外资企业市场份额	100	100	100	+0
7	合同竞争	每个合同项目收到的竞争性报价平均数量	83	86	88	+5
总分			94	95	96	+2
生产投入						
8	货物、服务和材料成本	生产者价格指数（中间服务需求）	92	90	88	–4
9		生产者价格指数（中间加工品需求）	96	98	96	+0
10		稀土矿产交易平均价格	100	100	100	+0
11	劳动力规模	国防相关直接就业总数	32	33	34	+2
12	职工薪酬	国防相关就业平均工资	75	77	80	+5
13	劳动力多样化	国防行业就业性别差异	85	85	85	+0
14		国防行业就业种族差异	67	71	75	+8
15		国防行业就业拉丁裔种族差异	40	39	40	+0
16		国防行业就业年龄差异	100	100	100	+0
17	科学、技术、工程和数学（STEM）人才库	占美国就业总人数百分比	100	100	100	+0
18		占总学位奖励平均份额	95	99	100	+5
19	安保审查	年度清查安检案件清单	43	30	24	–19
20		首次绝密审查持续时间（天）	34	22	20	–14
21		定期绝密再调查期限（天）	55	37	27	–28
总分			70	68	68	–2
需求						
22	国防物资和服务需求	国防部合同义务	78	84	94	+16
总分			78	84	94	+16
创新						
23	创新投入	耐用工业品制造企业研发费用年平均值	100	100	100	+0
24		信息和通信技术企业研发费用年平均值	100	100	100	+0
25		科学研究与开发服务企业研发费用年平均值	45	35	36	–9
26	创新产出	耐用工业品制造企业年平均专利申请量	100	100	100	+0
27		信息和通信技术企业年平均专利申请量	75	80	79	+5

续表

因素		指标	2017 年	2018 年	2019 年	2017～2019 年变化
创新						
28	创新产出	科学研究与开发服务企业年均专利申请量	58	45	37	–21
29	创新竞争力	美国在国际专利申请中的份额	77	73	69	–8
30		美国在全球研发投资中的份额	76	75	74	–2
总分			78	76	74	–4
产业安全						
31	知识产权威胁	联邦调查局侵犯知识产权调查新增数量	100	100	100	+0
32	信息安全威胁	新增常见 IT 漏洞报告数量	60	45	33	–27
33		新增常见 IT 漏洞严重性	16	17	17	+1
总分			69	65	63	–6
供应链						
34	合同失效	国防部平均年度合同终止数量	29	22	25	–4
35	供应链财务绩效	选定承包商加权平均现金转换周期	85	95	54	–31
36	供应链库存管理	选定承包商加权平均库存周转率	99	100	62	–37
37	供应链进度管理	主要国防采办项目基于进度的成本变化	100	100	100	+0
38	供应链成本管理	纳恩–迈克柯迪法案平均违约成本	100	100	100	+0
总分			83	83	68	–15
政策和监管						
39	舆论	国防开支民意调查（盖洛普）	88	87	77	–11
40	国会预算过程	通过《国防授权法案》平均天数	82	92	100	+18
41		国会对主要国防采办项目关注度	97	65	54	–43
42	监管负担	繁文缛节比率：每个规则增加获得的规则减少限制	100	100	82	–18
总分			92	89	79	–13
生产能力和突发准备						
43	产出效率	产出缺口	19	27	46	+27
44	资金使用强度	耐用品制造业产能利用率	85	84	84	–1
45	突发作业能力	关键国防工业预计短缺	100	100	100	+0
总分			68	70	77	+9

资料来源：National Defense Industrial Association（2020）

二是提高重点领域供应链弹性。美国政府通过保留适当的物资储备来应对外部供应链中断风险，并出台一系列提高制造业、国防工业和高技术领域供应链弹性的举措办法。2018 年，时任美国总统特朗普签署了《评估和强化制造与国防工业基础及供应链弹性》非密版报告，在飞机、造船、太空等 9 个国防领域和制造业网络安全、电子工业、机床工控等 7 个先进制造业领域提出了加强供应链弹性的计划。同年公布的《国家安全战略报告》7 次提到供应链。2021 年 2 月 24 日，拜登签署“美国供应链总统行政令”，要求对稀土元素、电动汽车电池、药品和半导体四个领域的供应链开展为期 100 天的审查，其目的是在促进国内生产的同时加强与盟国联系，打造不依赖中国芯片和其他具有战略意义的产品的供应链。2022 年 8 月 9 日，拜登正式签署《芯片和科学法案》，计划为美国半导体产业提供高达 527 亿美元的政府补贴，同时正在积极推进成立所谓的“芯片四方联盟”。

三是针对供应链安全问题进行必要的立法。美国已建立起比较完善的供应链安全法律制度，包括海关-商界反恐合作计划（Customs-Trade Partnership Against Terrorism，C-TPAT）、舱单预申报规定（24 小时规则）、集装箱安全倡议（Container Security Initiative，CSI）、集装箱 100%扫描规定、自由安全贸易协定（Free and Secure Trade，FAST）、大港计划等。美国政府推出《联邦采购条例》，对国防部门、民用机构和中小企业的采购合同和制度进行了详细的规定，从源头确保供应链安全。在一些细分行业领域，美国政府出台了多项保障供应链安全的法案，如 2013 年起实施的《药品供应链安全法案》。2018 年，生效的《出口管制改革法案》设立了严格的出口管制规则，限制供应链关键环节的技术外流。2019 年出台的《国防授权法案》《外国投资风险评估现代化法案》等均提及供应链风险控制和审查的要求，其中不乏专门针对中国的歧视性规定。2019 年 5 月 15 日，特朗普正式签署《确保信息通信技术与服务供应链安全的行政令》（Executive Order on Securing the Information and Communications Technology and Services Supply Chain），禁止交易、使用可能对美国国家安全、外交政策和经济构成特殊威胁的外国信息技术和服务。根据相关报道，美国商务部积极推动修改长臂管辖原则，将管控范围从美国技术占比的 25%降到 10%。一旦实施，就意味着大量日本、韩国零部件将无法为华为供货。

四是与其他国家、地区形成供应链合作框架和协议。2011 年，美国国土安全部和欧盟委员会签署《供应链安全联合声明》，提出在美国和欧盟之间建立供应链安全双边合作机制，推动美国、欧盟与国际海关组织、国际民用航空组织、国际海事组织等合作。2012 年，美国和日本共同发布《美日全球供应链联合声明》①，

① U.S.-Japan Joint Statement on Global Supply Chain Security. https://japan.kantei.go.jp/noda/diplomatic/201204/30usa2_e.html[2019-06-18].

提出加强供应链安全领域协作，更好地应对地震、恐怖袭击等不确定因素对经济繁荣和全球供应链安全造成的不利影响。

二、日本：提升供应链弹性，抵御供应链自然风险

（一）战略背景和演进

许多经典的供应链管理思想和方法如长期伙伴关系、精益生产、准时制（just in time，JIT）生产方式等都来自日本企业的实践，日本企业的供应链管理实践起步较早，供应链管理的模式和技术相对比较成熟和完备，因此日本政府针对本国企业和产业供应链制定的政策相对较少。

日本政府的供应链战略和政策主要关注自然灾害引发的供应链中断风险，这其中有两方面的因素。首先，日本是自然灾害频发的国家，地震、台风等重大自然灾害常常使日本企业造成严重的财物损失，甚至导致生产、运输停滞，阻断供应链的正常运作。其次，日本企业的供应链管理强调建立长期合作伙伴关系，供应商数量偏少，同时以零库存为目标，追求最小化的库存成本。这些供应链管理的特点固然能够极大程度地提升供应链运行效率、降低成本，但也直接导致供应链弹性不足。当上游供应商的生产和配送受到自然灾害影响时，由于可替代的供应商较少，零部件库存有限，下游生产企业往往会面临大规模减产甚至较长时间的生产停滞。

从全球供应链来看，许多工业制造的关键中间产品，如半导体硅片、液晶显示器等，均大量由日本企业供应。当自然灾害对这些中间产品的供应商造成损害时，全球范围内相应的下游生产企业都可能受到直接冲击，甚至演变为全球范围的供应链风险。“3·11”日本大地震发生之后，不仅日本本国制造企业损失惨重，全球其他国家和地区的企业也面临供应链断裂的巨大风险①。

（二）主要举措和内容

一是重视全球供应链构建与区域经济合作。2012 年 4 月 30 日，日本和美国共同发布《美日全球供应链联合声明》，提出更好地解决包括地震等自然灾害和恐怖袭击等人为灾害在内的不确定因素对经济繁荣和全球供应链安全造成的不利影响，在现有的海关、运输和海上安全问题合作的基础上，进一步加强供应链协作，

① 据统计，在“3·11”日本大地震发生时，全球 22%的半导体硅片、15%的液晶显示器、50%以上的笔记本电脑用锂电池产于日本，地震发生后凸显的供应链问题在当时引发了全球性的产业恐慌（谢鹏，2011）。

构建更加强韧、富有弹性的全球供应链。为应对资源缺乏，日本积极利用全球资源促进国内供应链发展。2018 年，日本主导推动的《全面与进步跨太平洋伙伴关系协定》(Comprehensive and Progressive Agreement for Trans-Pacific Partnership，CPTPP）正式生效，其对亚太地区供应链发展做了约定：通过整合生产来降低贸易区供应链的成本；协助中小企业参与自由贸易区供应链。通过促进贸易和投资，利用原产地规则带动区域内创新价值链和供应链发展，创造新的亚太地区商业模式。同年，日本与欧盟签署了《日本-欧盟经济伙伴关系协定》(Japan-EU Economic Partnership Agreement，EPA)，就全球供应链的发展达成共识：发展供应链风险管理技术，加强全球供应链的安全；在海关贸易法律及流程上进行合作，提高国际贸易在海关方面的安全与便利化。

二是应对供应链风险和建设可持续供应链。2017 年，日本发布《基本氢战略》，旨在通过无碳氢技术的研发来构建安全、可持续的能源供应链，在国际清洁能源领域占据领先地位。此外，日本发布了《清洁木材法》《绿色采购法》等，建设原材料供应网从产地、运输、加工到进口、出口的全流程在线管理系统，以构建可持续的原材料供应链，降低跨区域供应链风险。2020 年 3 月 5 日，时任日本首相安倍晋三在以新冠肺炎疫情对经济影响为议题的“未来投资会议”上呼吁：“一国生产依存度高的高附加值产品生产基地”要回归国内，而附加值不高的则应向东盟等地进行多元化转移。2020 年 4 月，日本经济产业省推出了总额高达 108 万亿日元的抗疫经济救助计划，其中“改革供应链”项目专门列出 2435 亿日元资金，用于资助日本制造商将生产线撤出中国，以实现生产基地的多元化。

三是完善物流供应链体系。2017 年，日本发布了《综合物流施政推进计划（2017 年度～2020 年度）》，内容涉及：供应链协同，提高物流效率，如外包方与物流企业的合作、物流企业间协同运作；构建智能物流供应链、无缝连接与高附加值的供应链，采取标准技术、RFID（radio frequency identification，射频识别）、电子通关处理技术以提升效率；与相关各方紧密合作，构建多运输方式协作的高效、一体、可持续物流供应链。

三、英国：提升先进制造业的供应链竞争力

（一）战略背景和演进

英国政府将供应链视为本国制造业发展不可缺少的关键要素和产业政策重点关注的内容。近年来，英国政府大力推动“英国先进制造业战略”，供应链政策成为英国政府推进先进制造业发展的重要抓手。2013 年 10 月，英国科学办公室与

商务、创新和技术部联合发布报告《制造业的未来：英国面临的机遇与挑战》（Government Office for Science and Department for Business, Innovation and Skills, 2013）指出："全球供应链的波动和脆弱性会对英国先进制造业的发展未来产生深远影响，英国制造商须直面全球供应链带来的风险和挑战。"2014 年 2 月，英国商务、创新和技术部发布报告《加强英国供应链：来自产业和政府部门的良好实践》，指出"高水平的供应链管理和协作能够帮助企业应对人力资源短缺、融资困难、技术创新滞后和供应链运行低效等四方面的问题挑战"。

（二）主要举措和内容

英国供应链政策主要包含的内容如表 5-3 所示。

表 5-3 英国《加强英国制造业供应链政府和产业行动计划》主要内容

关键词	政策举措
创新	1. 为"弹射中心"等技术研发平台提供财政补贴，支持研发关键供应链的重要产品 2. 投资数亿英镑，支持包括 16 所顶尖大学在内的科研机构进行基础科学研究 3. 制订企业研发税收抵免计划，抵免额度达数十亿英镑 4. 政企合作投资建设重点领域的技术推进中心 5. 实施"先进制造业供应链计划"，提高制造企业供应链协同创新水平 6. 实施"供应链领导力设计计划"，帮助企业进行供应链业务流程改造
标准化	1. 英国标准协会、国际清算银行和"高价值制造业弹射中心"协作建立先进制造业领域的供应链标准框架 2. 由行业协会主导、政府部门参与，在重要领域形成全行业采购行为准则和供应链标准
技能培训	1."雇主所有权基金"项目帮助企业培训供应链管理部门的员工 2."先进制造业供应链计划""制造咨询服务""区域增长基金"等政府项目为英国企业提升供应链管理技能提供资金支持
供应链融资渠道	1. 政府部门与大型企业、行业领导者合作，共同发展供应链金融，鼓励企业广泛利用供应商资金，丰富信贷选择 2. 制定"小企业、企业和就业法案"，要求上市公司提供透明、公开的付款信息，减小中小供应商资金压力。制定供应链票据融资的合同规定
供应链融资渠道	3. 设立"国家工具贷款"，解决供应链情境下的账期问题，加速上游供应商资金周转 4."高价值制造业弹射中心"和商业银行合作，为中小企业提供供应链金融产品 5. 出台"公共合同条例""供应链支付章程"等法律条文，明确各行业供应链中付款实现、利息基准、延迟支付的责任，降低资金流运行风险
供应链协作	1. 构建供应链业务合作平台，提升供应链上下游采购和交易的匹配度 2. 组织开展企业区域研讨会，分享不同部门行业供应链管理最佳实践 3. 推出供应链在线网站，为供应商和制造商提供交易信息和管理建议

续表

关键词	政策举措
弹性供应链	1. 帮助企业获取大规模海外采购项目、发展海外合作伙伴，降低企业面临的供应链中断风险 2. 在汽车、生命科学和海上风电等关键领域成立投资公司，扶持本国企业发展，减少对海外进口的依赖性 3. 为出口企业提供流动资金融资，提升其进入全球供应链的能力 4. 大规模引进海外企业在英国投资并对外出口

注：弹射中心（Catapult Centres）是英国建立的一批世界级技术创新中心，截至2017年英国已经建成11个弹射中心

资料来源：Government Office for Science和Department for Business, Innovation and Skills（2013）、Department for Business, Innovation and Skills（2015）

一是推进供应链创新。在供应链流程创新方面，英国政府制订了“灵活制造计划”，帮助英国制造业研发并应用新的供应链生产线，推进供应链上下游企业协同研发，2013年推出的“先进制造业供应链计划”在三年间已投入3.45亿英镑的资金，支持制造咨询服务企业和制造企业密切合作，共同创新供应链流程和模式。在供应链技术创新方面，英国政府持续推进数字化、智能化技术在供应链不同环节的应用，通过物联网、互联网等现代信息技术实现上下游企业和供应链设施设备的信息共享（Department for Business, Innovation and Skills，2015）。

二是加强供应链上下游在人才招聘、培训方面的协作。英国政府鼓励供应链核心制造企业通过其品牌力量帮助上游的中小供应商招聘人才，并协助中小供应商进行定期的员工培训，共享供应链培训计划和项目，以便供应商更好地满足核心企业的需求，提升供应链整体协同水平。英国政府推出的“制造业咨询服务”（Manufacturing Advisory Service，MAS）项目向英格兰区域企业的供应链部门提供专项人力资源培训基金。

三是为供应链中的中小企业提供融资渠道，改善供应链资金流。英国政府将英国商业银行打造为“经济发展银行”，要求商业银行积极向符合条件的中小企业贷款，并为企业提供融资指南，同时设立了贷款基金，专门面向中小企业提供供应链金融服务。英国政府还持续与大型制造企业合作发展供应链金融，构建了“商业银行-中小供应商-核心制造企业”三方协作的供应链金融体系，帮助中小企业迅速、低成本地获取信贷，改善供应链资金流。此外，为解决供应链账期拖欠、流动资金不足的问题，英国政府相继推行了一系列法案，如要求逾期付款的企业支付利息，并公开这些企业的失信行为；要求大型上市企业公开其付款方式，避免大企业拖欠中小企业的应收账款；在所有行业领域推行30天付款条例；支持第三方供应链服务企业开展供应链金融业务；等等。

四是着力提升供应链内中小企业的竞争力。英国政府启动了“商务发展服务计划”，该计划通过推进政府部门、原始设备制造商和供应链核心企业的合作，共同为供应链内的中小企业提供发展机会、制订供应链绩效改进方案。英国政府还大力支持能源、航空、汽车、铁路等重要工业领域的行业协会构建行业标准，向中小企业推行普及最佳的企业供应链实践方案。

五是推进供应链协作。英国政府鼓励各行业领域的行业协会为供应链上下游企业的合作谈判和信息交流搭建平台。英国政府的“商务发展服务计划”为大型供应商、原始设备制造商以及供应链中的其他中小企业搭建了交互网络，向买家和供应商提供非正式咨询服务，推进了供应链上下游企业采购和生产环节的高效匹配。英国政府还大力推动跨行业领域间供应链管理经验和最佳企业案例的交流、分享。

四、德国：推进工业供应链可持续化、信息化

（一）战略背景和演进

德国政府素来重视经济发展的可持续性，其早期供应链政策的重点是在工业领域构建以环境保护和资源节约为导向的绿色供应链，实现供应链的可持续化。1994 年，德国政府制定了《循环经济与废弃物管理法》，该法案明确了生产者延伸责任制，要求生产者对包括产品的生产、消费、回收直到最终的无害化处置等供应链环节实现全周期负责，强调以闭合的方式进行废弃物管理。为落实欧盟委员会颁布的《关于报废电子电气设备指令》（Waste Electrical and Electronic Equipment，WEEE）、《关于在电子电气设备中限制使用某些有害物质指令》（Restriction of Hazardous Substances，RoHS）等工业领域的环保条令，德国政府相继制定了《德国采购法》《电子电气设备法》等法律法规，通过环境标志认证、信息公开制度、设立政府奖项等政策引导措施，推进本国供应链的绿色化。此外，德国还通过制定物流用车排量标准和多式联运设计，实现对物流供应链系统有效的污染控制。在《德国可持续发展战略》（2016 版）中，德国政府提出了“具有高水平的经济实力、社会平衡性和生态可承受度”的发展方式，“供应链”一词在其中出现 30 余次，被视作实现德国可持续发展目标的重要手段。2017 年 11 月，在德国汉堡 G20 峰会上，G20 决定利用德国联邦政府提供的可持续发展专项基金建立可持续的全球供应链，从而将德国构建绿色供应链、实现可持续发展的理念推向国际合作的层面。

随着人工智能、大数据、云计算等现代信息技术的广泛应用，德国政府开始积极推动其供应链的智能化和信息化，构建基于信息物理系统（cyber-physical system，CPS）的供应链。2013 年，德国联邦教育与研究部推出《保障德国制造业的未来：德国工业 4.0 战略实施建议》，该文件指出："与物联网和服务深度融合的制造业正在迎来第四次工业革命，未来企业将以 CPS 的形式建立全球网络，整合其机器、仓储系统和生产设施……在制造业领域，这些 CPS 包括能自主交换信息的智能机器、存储系统和生产设施，它们能独立运行和相互控制。这有利于从根本上改善工业过程，包括制造、工程、材料使用、供应链和生命周期管理……工业 4.0 将通过 CPS 使企业业务流程实现动态配置，推进供应链持续调整，工程流程和制造流程更加灵活、可塑。"通过智能化技术和物联网构建柔性、敏捷、信息化的工业供应链成为德国工业 4.0 战略的重要内容。

受新冠疫情的影响，德国在供应链安全方面也开始采取预防性行动。2020 年 4 月 8 日，德国媒体报道，德国决定修改《对外贸易和支付法》，旨在阻止遭受目前局势打击的德国企业等被外资趁机收购。如果是欧盟以外的投资进入，德国联邦政府将不再需要提供对公共安全构成实际威胁的证据，只须提出预期损害就可阻止外资收购。

（二）主要举措和内容

德国供应链政策的重点是在制造业领域构建以环境保护和资源节约为导向的绿色供应链，实现供应链的可持续化。德国构建可持续供应链的举措有如下四个方面（徐媛，2016）。

一是强化供应链全生命周期监管。德国《循环经济与废弃物管理法》明确了生产者延伸责任制，要求生产者对产品生产、消费、回收直到最终的无害化处置等供应链环节实现全面负责，加强对供应链全生命周期污染排放的管控。

二是加强环境标志认证。德国推出了世界上第一个环境标志认证系统"蓝色天使"、第一个废弃物回收利用系统"绿点"标识，并在纺织品、汽车、机械等多个领域推出生态标签，敦促企业树立可持续发展理念，构建绿色供应链。

三是建立信息公开制度。德国可持续发展改革委员会推出《德国可持续发展准则》，要求企业参照该准则，向公众披露供应链能源消耗、资源利用、温室气体及其他有毒气体排放等相关指标。

四是设立政府奖项。德国联邦环境部从 2012 年开始设立"生态设计国家奖"，表彰企业走可持续发展道路，推动环保型产品进入市场，涉及领域包括汽车制造业、建筑行业、纺织业等。

五、结论及启示

综观上述发达国家制定的与供应链相关的政策，大致可将其分为如下两类。

第一类政策以英国和德国为代表，通过构建高效、弹性、可持续的工业（制造业）供应链，实现本国关键行业领域企业竞争力和综合经济实力的提升。这一类政策主要关注现代信息技术和现代管理方法在供应链中的应用，并通过一系列举措提升企业绩效和企业间供应链协作能力。

第二类政策将供应链作为一种战略思想，用供应链思维解决国家经济发展和全球治理过程中存在的重大问题。美国的供应链政策基于安全视角，主要关注恐怖活动、走私、自然灾害等风险因素对关键物资供应的影响，其目的是保障本国的经济安全、民生安全、国防安全乃至国家安全，这一类政策实际上被称作“供应保障战略”更加准确。借鉴国际经验，我国对内应当积极提升供应链运行效率和协作水平，加快构建适合供应链发展的体制机制，优化发展环境；对外应当加强对供应链安全问题的研究，处理好推进供应链全球布局和保障供应链安全的关系。

（一）高度重视供应链风险，保障产业经济安全

在全球化进程不断深化的背景下，企业、产业甚至国家竞争都进入了全球供应链竞争的时代。随着全球贸易保护势力抬头，我国关键领域核心零部件、原材料和技术的供应中断风险上升，危及产业安全和国家安全的风险因素增多。美国在全球配置资源的过程中，极为重视关键原材料、零部件的供应和运输，通过构建高效、安全、弹性的供应链，维护本国利益、保障经济繁荣。我国也应积极应对供应链风险，加快建立供应链风险预警系统，形成供应链中断应急机制，参与供应链安全国际合作，并在深度参与全球分工的前提下，推进关键领域的技术创新，逐渐补齐短板、发挥长板优势，提升全球供应链中的话语权和主动权。

（二）优化供应链发展环境，提升供应链竞争力

供应链本质上依然是市场运行微观层面的概念，推动供应链发展必须从市场主体着手，着重提升企业的供应链管理和协同水平。英国、德国等国家在提升本国企业的供应链竞争力方面形成了许多值得借鉴的做法，如加强供应链技术创新和信息化建设、完善供应链标准、公开供应链信用信息、设立供应链专项基金和奖项、发展供应链金融体系等。我国的供应链战略既要激发市场主体参与供应链协同的活力，也要营造良好的外部环境和配套条件，解决企业想参与供应链协同而能力和配套支撑不足的问题，从而增强企业竞争力，推动实现高质量发展。

参考文献

何明珂，王文举. 2018. 现代供应链发展的国际镜鉴与中国策略[J]. 改革, (1): 22-35.

莱克. 2017. 丰田模式：精益制造的 14 项管理原则[M]. 李芳龄，译. 北京：机械工业出版社.
李子文. 2019-05-22. 国际视野下的供应链政策及启示[N]. 经济日报，(12).
马士华，林勇，陈志祥. 2017. 供应链管理[M]. 北京：机械工业出版社.
王蒲生，杨君游，李平，等. 2008. 产业哲学视野中全球生产方式的演化及其特征——从福特制、丰田制到温特制[J]. 科学技术与辩证法，(3): 96-101.
魏继刚，刘伟华. 2020-04-20. 发达经济体供应链战略动向及启示[N]. 中国经济时报，(A4).
谢鹏. 2011-03-24. 日本供应链问题牵扯全球[N]. 南方周末，(C17).
徐媛. 2016. 德国绿色供应链管理发展概况[EB/OL]. http://intl.ce.cn/specials/zxgjzh/201610/12/t20161012_16677299.shtml[2016-10-12].
赵蒙，潘坚. 2019. 美国全面评估国防供应链风险[J]. 中国航天，(1): 60-64.
Department for Business, Innovation and Skills. 2015. Strengthening UK Manufacturing Supply Chains: An Action Plan for Government and Industry[EB/OL]. https://assets.publishing.service.gov.uk/government/uploads/system/uploads/attachment_data/file/407071/bis-15-6-strengthening-uk-manufacturing-supply-chains-action-plan.pdf[2019-06-20].
Government Office for Science, Department for Business, Innovation and Skills. 2013. The Future of Manufacturing: A New Era of Opportunity and Challenge for the UK[EB/OL]. https://www.gov.uk/government/publications/future-of-manufacturing[2019-12-20].
National Defense Industrial Association. 2020. Vital Signs 2020: The Health and Readiness of the Defense Industrial Base[EB/OL]. https://www.nationaldefensemagazine.org/articles/2020/1/21/vital-signs-2020-defense-industrial-bases-report-card-reveals-c-grade[2020-01-21].
Trump D J. 2017. National Security Strategy of the United States of America[R]. The White House.
U.S. Department of Agriculture. 2013. Web Based Supply Chain Management[EB/OL]. https://www.usda.gov/topics/food-and-nutrition/web-based-supply-chain-management[2020-06-10].
U.S. Department of Homeland Security. 2007. Strategy to Enhance International Supply Chain Security[EB/OL].https://www.dhs.gov/publication/international-supply-chain-security[2019-08-15].
U.S. Department of Homeland Security. 2012. National Strategy for Global Supply Chain Security [EB/OL]. https://www.dhs.gov/national-strategy-global-supply-chain-security[2012-01-30].
U.S. Department of Homeland Security, European Commission. 2011. Joint Statement on Supply-Chain Security[EB/OL]. https://www.dhs.gov/xlibrary/assets/us-eu-joint-statement-supply-chain-security.pdf[2018-10-11].
U.S. Department of Homeland Security, United States Coast Guard. 2005. Supply Policy and Procedures Manual [EB/OL]. https://media.defense.gov/2017/Mar/28/2001722980/-1/-1/0/CIM_4400_19B.PDF[2017-03-28].
U.S. Food & Drug Administration. 2013. Drug Supply Chain Security Act[EB/OL]. https://www.govinfo.gov/content/pkg/PLAW-113publ54/pdf/PLAW-113publ54.pdf[2022-07-12].
U.S. International Trade Administration. 2011. Formation of Advisory Committee on Supply Chain Competitiveness[EB/OL]. https://blog.trade.gov/2011/11/04/formation-of-advisory-committee-on- supply-chain-competitiveness[2019-08-10].

第六章

保障我国产业链安全的思路与对策

保障产业链安全，既是推动产业高质量发展、建设制造强国的重要内容，也是应对百年未有之大变局和全球产业链供应链大调整、大重构的现实选择，更是开启全面建设社会主义现代化国家新征程，加快构建国内大循环为主体、国内国际双循环相互促进的新发展格局的必然要求。要深刻认识到产业链供应链自主可控和现代化发展对于构建新发展格局和推动现代化国家建设的重要意义，矢志不移地推动产业基础再造工程，强化科技攻关，加快补齐影响产业链供应链安全的短板，锻造具有竞争优势和控制力的长板，掌握更多独门绝技，形成更多优势领域，打造具有更强创新力、更高附加值和更安全可靠的现代化产业链，更好支撑现代化产业体系建设和新发展格局构建。

一、我国产业链安全面临的形势

当前，受新冠肺炎疫情全球大流行冲击，叠加中美复杂博弈、国际经贸投资规则深刻变化、新一轮科技革命和产业链变革深入发展等因素影响，全球产业链加速重构，呈现本土化、多元化、区域化等发展趋势，我国产业链供应链安全稳定面临重大考验。

（一）全球产业链发展逻辑从效率驱动转向兼顾效率与安全

全球化背景下，各国按照比较优势进行分工，全球产业链会向成本最低、配套条件最好和最具规模经济的地区集中，中国成为全球产业链重要的制造中心。新冠疫情的发生，本身是一个外生的短期冲击事件，并不能改变各国的成本结构和技术能力，但疫情促使部分国家在战略层面对供应链安全因素给予高度关注（贺俊，2020），从而强化了改变现有“大三角”全球产业链供应体系的紧迫感，全球可能会出现产业链缩短和分散化、多元化趋势。

（1）产业链本土化。产业分工和集聚是现代经济的本质特征，当产业链细化和地理集聚带来生产成本的下降超过交易成本和物流成本的增加时，这种分工和集聚就一直进行下去（吴金明和邵昶，2006）。中国正是具备这种优势，所以在跨国企业眼里仍然是生产布局的首选地，有经济学家甚至认为中国是制造业迁移的“终点站”。然而，新冠疫情暴发突显了一些国家在关键性和战略性领域的产业链缺失、供应链依赖问题，出于安全考虑，将相关产业迁回本土的意愿更加强烈。已有外资企业重新评估供应链安全，提出产地多样化、减少产业链供应链过度集中的想法，制药、医疗器械和防疫物资等行业就近或本地化生产成为趋势。诺贝尔经济学奖获得者斯蒂格利茨认为：“当下的局势告诉我们，各国必须竭力在利用全球化与必要的自力更生之间取得更好的平衡。”2020 年 3 月 30 日，特朗普在每日疫情发布会上宣传：“这场疫情凸显了强大的国界和繁荣的制造业的重要性。现在，两党必须团结起来，把美国建设成为一个全面独立的、繁荣的国家：能源独立，制造业独立，经济独立，国界主权独立。”美国国家经济委员会主席库罗德甚至提出，要为美国企业撤离中国的搬迁费 100%买单。日本政府宣布从 108 万亿日元的抗疫经济救助计划中，拨出 2435 亿日元贷款用于“供应链改革”项目，帮助本国企业将零部件生产线特别是高附加值产品的制造转移回本土或亚洲其他地区、非洲等多个地区，以实现供应链多元化。在日本政府出台这一政策后，东京商事研究公司对 2600 家日本企业进行调查，有 37%的公司愿意把生产基地搬迁出中国。发达国家大力出资鼓励本国企业回流，这对供应链本土化将会产生影响。

（2）供应链多元化。一方面，中美经贸摩擦持续升级，跨国企业既不愿意放弃庞大的中国市场和巨大的发展机会，又不愿意承担关税成本上升的压力，往往采取“中国+1”或“中国+*X*”的产业布局，将面向中国市场和除美国以外的全球市场订单放在效率最高、配套最完善的中国生产，而将对美国出口订单转移至东南亚等国家和地区生产，形成多元化供应链布局（丁俊发，2016）。另一方面，疫情使跨国企业加深了“不要把鸡蛋放在一个篮子里”的意识，再度感受到分散供应链风险的迫切性，促使企业更加倾向于经济效益和安全可控并重，通过多元化布局分散风险，促使在华跨国企业采取“中国+*X*”布局。

（3）产业链区域化。近年来，WTO 作用弱化，但区域内经贸合作加强。例如，美国主导重新签署了美国-墨西哥-加拿大贸易协定，提出 5 年过渡期内一辆汽车零部件的北美原产地占比必须从 2019 年的 62.5%逐步提高到 75%，并且要求汽车制造商至少 70%的钢铁和铝原料必须来自美国、墨西哥、加拿大。麦肯锡公司测算，2013～2018 年，区域内贸易占全球贸易的比例提高了 2.7 个百分点，2018 年欧盟 28 国和亚太地区超过半数的商品贸易在区域内进行。商品生产价值链（尤其是汽车制造以及计算机和电子行业）的区域集中度越来越高，其中以亚欧地区最为明显（杨丽花和王跃生，2020）。企业越来越倾向于在邻近消费市场的地方开展生产。在各种区域经贸协定推动下，北美、欧洲、亚洲等“区域内”的循环和联系不断增强，全球供应链将由原来的美国等发达国家从事研发、高端与中高端产品制造，中国等发展中国家从事中低端产品制造和组装加工，中东和俄罗斯等提供能源的“大三角”格局向“三足鼎立”格局转变，即由美国、加拿大、墨西哥组成的北美供应链网络，由德国、法国等国家主导的欧盟供应链网络，以及以日本、韩国、中国等东亚国家和地区为核心的亚洲供应链网络，三大体系内部贸易增多，与外部也会发生关联。

（二）我国产业链不稳、不强、不安全的风险凸显

当前，新冠疫情和中美经贸摩擦交织共振，将会加速全球产业链供应链大调整、大重构，我国产业链不稳、不强、不安全的风险凸显。

（1）产业链不稳。产业链不稳主要表现为我国劳动密集型制造业产业链完整性受到冲击，传统产业比较优势面临挑战。我国制造业在融入全球供应链中形成了相对完整的产业链，但大部分出口型产业链的控制权由外资掌控。受中美贸易战影响，为了规避关税等风险，我国制造业已经出现加速向越南、缅甸等东南亚国家外迁的趋势。根据调研，东南沿海等地部分企业为规避关税成本上升、市场开拓限制、技术封锁等风险因素的影响，加快向国外尤其是东南亚转移布局。一些跨国公司产业链布局更加强调安全性，也在谋求实施“中国+1”或“中国+*X*”战略，进一步影响了我国产业链的稳定。随着环保要求的提高，一些原本稳定的产业链也受到了较大的压力和挑战。需要指出的是，由于中美经济高度关联，中国作为美国工业品主要供应国的地位短期内不会轻易被他国完全替代，但按目前趋势发展，经过几年时间，东南亚等地区的国家也会在代工型龙头企业带动下，吸引上游和配套企业跟进转移，逐步建立起部分替代我国的出口型中低端产业链，这将给我国保持产业链完整性及其竞争优势带来挑战。

（2）产业链不强。作为“世界工厂”，中国制造业多种产品产量规模全球第一，建立了规模最大、品类齐全的电子信息、石化、轻工、家电等产业链。不仅是全球重要的生产基地，更是亚洲供应链的中心。世界银行数据显示，2018 年中国制造业增加值占全球比重超过 28%，货物进出口占全球份额的 11.8%，其中中间品进出口占比达到 21.7%，是 120 多个国家最大贸易伙伴，全球近 200 个经济体从中国进口商品。根据亚洲开发银行编制的世界投入产出表计算，2018 年，在韩国、日本和美国的国外中间品总投入中，来自中国的中间产品分别占 16.9%、10.9%和 10.5%，越南、老挝等东南亚国家甚至超过 30%。但是，我国制造业产业链控制能力较弱，产品附加值不高，总体处于全球价值链的中低端，产业发展主要靠“人有我廉”的低价取胜，拥有的不可替代的技术、装备和产品数量极少，

在全球产业链价值链中的话语权不足，制造业增加值率偏低（戴翔和宋婕，2018）。此外，国内产业链供应链顺畅运行还存在不少梗阻制约。一是产业基础能力薄弱制约明显。基础装备、基础零部件、基础技术、工业软件、关键材料等依赖进口，存在关键环节掌控力弱、短期难以实现技术替代的问题。二是产业链协同创新能力不足。人工智能、大数据行业产业链上下游协同效应还未充分发挥，人工智能应用企业与下游数据资源供应商在数据资源保密使用等方面存在沟通不畅、信息不统一等问题，已成为业界通病。三是金融对产业链供应链畅通运行的支持不足。受新冠疫情影响，国外需求下降，企业订单不足，同时物流运输受阻，物流成本大幅上升，部分企业资金链承压，面临较大的流动性风险，而金融机构有针对性的扶持较少。四是国内产业梯度转移循环不畅。受加工贸易利润较低，中西部地区产业配套尚不完善、物流成本较高等因素影响，多数企业不愿意转移至中西部地区。特别是加工贸易企业的产能调整，其更倾向于前往越南、马来西亚等东南亚地区港口城市。

（3）产业链不安全。产业链不安全突出表现为关键零部件和核心技术受制于人。根据《科技日报》2018 年梳理的 35 项卡脖子技术清单，我国光刻机、刻蚀机、离子注入机、网络测试仪、触觉传感器、真空蒸镀机等高端生产设备、高性能检测设备和关键材料与国外差距较大，基本依赖进口。例如，高端芯片制造工艺落后国际先进水平两代以上，95%的高端专用芯片依赖进口，发达国家一旦“断供”，对我国相关产业链安全的影响和冲击很大。我国工业软件、设计软件等长期被国外厂商垄断，底层工业数据、实验设备、研发测试工具等产业基础能力不强。工业软件特别是本土 EDA 企业和国外 EDA 三大巨头之间的技术差距在 20 年以上，80%的规划软件、50%的制作软件被外企占据，我国企业获取工业生产数据的能力相对较弱，国内企业占全球市场份额的比重不到 1%。国家对三维 CAD（computer aided design，计算机辅助设计）、CAE（computer aided engineering，计算机辅助工程）等核心工业软件研发的投入强度偏低，国际顶级 CAE 公司一年研发投入超过我国政府 10 年投入的总和（盛朝迅，2019a）。近年来，美国陆续采取举措限制人工智能、集成电路等领域软件和技术与中国的合作，使得我国集成电路、无人机、自动驾驶汽车等新兴战略领域首当其冲。以华为供应链为例，美国断供引发国内晶圆缺货潮。一些关键设备及重要零部件也受制于人，集成电路产业的离子植入设备、WAT（wafer acceptance test，晶片允收测试）设备、芯片回火设备、缺陷测试机等基本没有国产化解决方案。对于前期购买的设备，受设备迭代更新及供应商业务调整等影响，存在无法进行系统升级或缺乏零备件更换的风险。部分基础电子元件饱受缺货涨价困扰，电阻整体交货期变长，常规电容、钽电容、晶振等持续缺货，部分品牌钽电容交货期拉长至 40 周。集成电路材料的国产化验证周期和验证难度较大，短期内投入和实现批量应用较为困难。EDA 等软件使用成本呈现上涨趋势，芯片制造企业的交货时间不同程度延后。

此外，海外疫情蔓延造成部分新兴产业供应链出现“断点”。随着国际疫情的蔓延扩散，国际航线减少导致物流运输资源不足，部分新兴产业发展面临海外资材交付不足、产业运输时效延长、交付成本增加、外籍供应商专家入境受阻等问题，增加了供应链风险和企业成本。自2020年5月以来，海运价格一路攀升，中美航线涨幅最大，美西航线运价创历史新高，集装箱运输出现“一柜难求”现象，排仓至6个月以后。

二、保障我国产业链安全的总体思路

推动产业链供应链安全稳定是国家中长期经济社会发展的重大战略问题，党中央对此多次做出重要部署。推动产业链供应链安全稳定必须按照党中央的部署，以习近平新时代中国特色社会主义思想为指导，坚持以供给侧结构性改革为主线，贯彻落实总体国家安全观，强化底线思维、增强忧患意识，保持战略定力、善于化危为机，充分发挥集中力量办大事的制度优势和超大规模市场优势，聚焦我国产业链发展短板和瓶颈薄弱环节，按照“企业主体、点链协同、长短结合、分类施策、内外联动”的思路，统筹谋划三次产业链条协同高效运转，扎实推进固链、补链、优链、强链工作，加大产业链核心环节扶持力度，努力锻造长板和优势环节，加快培育产业生态主导企业和隐形冠军企业，促进中央和地方之间统筹协作，优化产业链现代化发展的政策支持体系，深化产业链国际合作，加快构建自主可控、安全高效的产业链供应链，显著提升我国产业链供应链稳定性、国际竞争力和现代化水平。

（1）坚持企业主体。更好地发挥政府在保安全、兜底线、强基础积极组织协调和调动各方力量方面的主导作用，形成强大的合力。同时，要毫不动摇地坚持企业主体，充分发挥市场在资源配置中的决定性作用，注重通过改革的办法激发市场主体活力，增强市场主体主动作为、应对风险的意愿和能力。特别是强化龙头企业的牵引作用，引导社会各界围绕龙头企业发展需求，加大技术、人才、资金、市场等方面的保障力度和集中攻关。

（2）促进点链协同。要深刻认识到提升产业链安全不仅仅体现在突破关键核心技术和短板环节，更为重要的是促进全链条的协同和升级。要大力推进“点式突破”与“链式协同”相结合，一方面，通过强化技术创新和集中力量攻关，突破关键核心技术；另一方面，也要以重点产品为龙头进行“全产业链持续创新能力建设”，推动产业链上下游产品设计、材料开发、工艺开发、装备制造、示范应用推广等企业和研发机构、高校等单位开展协同攻关，构建国产首台（套）、首批次产品大规模市场应用的生态系统，推动产业链式突破、一条龙发展。

（3）注重长短结合。短期要聚焦疫情和美国科技“断供”给全球产业链供应链带来的冲击影响，优先保生存，着力修补中断的产业链，帮助企业解决具体问题，加快补齐短板弱项，确保极端情况下自主供给的基础能力。长期要针对全球产业链布局可能发生的重大变化，兼顾整体谋划和重点突破，巩固既有优势，着力促发展，围绕产业高质量发展和制造强国建设任务目标，强化创新引领，打造更具竞争力、更高附加值的产业链，促进产业链现代化。

（4）推动分类施策。根据我国产业链发展现状、主要短板和瓶颈制约因素、国际竞争态势和未来发展重要性几个维度进行考察，对产业链供应链安全稳定风险实施评估和监测，区分不同的风险等级，坚决兜住民生安全底线，加大重要矿产和战略资源保障力度，重点突破关键核心技术，畅通供需循环，促进产业链协同发展，不断增强产业链稳定性和国际竞争力。

（5）推进内外联动。既要强化底线思维，坚持独立自主、自力更生，牢牢把产业链供应链安全的生命线掌握在自己手中，又要用好两个市场、两种资源，最大限度地吸引全球高端要素、先进技术和各类资源为我所用，深化和拓展与一切科技强国的产业技术合作与交流，更加深度参与全球供应链，不断提升全球产业链控制力和主导能力。

三、保障我国产业链安全的主要任务

（一）强化固链，保持并巩固我国制造业传统优势

一是实施“降成本专项行动”，切实降低土地成本、融资成本、能源电力成本、物流成本、原材料成本和企业实际税费负担，防止产业链过快外迁。二是加快传统产业智能化、绿色化升级改造，推广绿色生产工艺和技术装备，提高劳动生产率。推进先进制造业和现代服务业深度融合，培育新产业、新业态。三是实施“反脱钩”策略，加大引进来力度，巩固与日本、韩国和欧盟的经济联系。进一步缩减负面清单的限制范围，深化现代服务业对外开放，在金融、医疗、健康、电信等重点领域加大开放力度，提升开放水平。取消先进制造、化工、汽车等制造业重点领域外资准入限制，最大限度地消除地理上、产业上、经济形态上的各种保护主义，释放经济活动空间。

（二）突出补链，更好应对国际贸易“断供”风险

一是加快实施产业基础再造工程，加大对基础装备和零部件、关键基础材料、基础工业软件、检验检测平台和新型基础设施等领域的投入力度，组织实施产业基础能力攻关工程，着力缓解“卡脖子”瓶颈束缚。实施断链替代行动，加大对

龙头企业技术、人才、市场、资金等方面的支持，推动龙头企业建立同准备份、降准备份机制。二是坚决兜住民生产业安全底线。聚焦种子和现代农业机械等安全稳定供应面临的潜在风险，采取万全举措，确保任何极端情况下口粮绝对安全和农副产品稳定供应，把饭碗牢牢端在自己手里。聚焦医药、医疗器械等涉及重要民生产品和服务的安全稳定供应，提升重要原材料、关键零部件的稳定供应水平，确保居民基本生活必需品产业链安全稳定运行。加大重要矿产资源进口和储备保障力度，确保能源安全和关键领域的安全平稳运行。

（三）推动优链，更好实现供需适配，促进国内经济大循环

推进生产力布局优化调整，发挥中西部地区承接产业转移的潜力，在中西部符合条件的地区再建设一批国家产业转移示范基地和重要产业链基地，增强我国产业链发展的战略纵深和回旋空间；持续加大研发投入，推动产业链创新链“双向融合”，培育一批具备产业链控制力的龙头企业和国际竞争力的优势产业链，持续推动产业向价值链高端环节攀升；加快发展数字经济，提升产业链数字化、智能化水平。以有效需求为牢固支撑，在更加丰富的应用场景中提升国内产品质量和可靠性，促进供需有效衔接、动态匹配。

（四）科技强链，加快塑造中国制造业竞争新优势

一方面，加强基础研究，强化以应用为导向的前瞻性、颠覆性技术战略布局，推动新一代信息技术、生物与健康、先进材料、高端装备等重大技术的群体性突破。充分发挥新型举国体制优势，加快组建若干国家重点实验室，集中解决一批面向国家战略需求的前瞻性重大科学问题。另一方面，要抓住有利时机，加快新一代信息技术、生物医药、航空航天、节能环保、新能源、新材料、新能源汽车等新产业、新动能茁壮成长。着力强创新、抓应用、促开放、优生态，发展壮大一批战略性新兴产业。

四、保障我国产业链安全的对策建议

针对我国产业链供应链面临的薄弱环节、难点痛点和瓶颈制约，应该以加快实施产业基础再造工程为统领，加大产业链核心环节扶持、努力锻造长板和优势环节、加快培育产业生态主导企业和隐形冠军企业、促进中央和地方之间的统筹、优化产业链现代化发展的政策支持体系、深化产业链国际合作，努力保障我国产业链供应链安全稳定，加快提升产业链供应链现代化水平，夯实构建新发展格局的产业链基础。

（一）点链协同，加快提升产业基础能力

产业基础能力的提升，不仅要推动关键核心技术突破，更要解决国产化技术和产品不愿用、不敢用的问题。为此，需要大力推进“点式突破”与“链式协同”相结合，为国产技术和产品应用打开市场空间。

一是推动“一揽子”技术突破。聚焦新一代信息技术、高端数控机床和机器人、航空航天装备、新材料、生物医药及高性能医疗器械等产业发展需求，梳理产业基础薄弱环节、技术和产品，制定年度攻关清单，逐一解决。

二是组织开展“一条龙”链式创新。围绕基础装备、关键零部件、基础工业软件和关键基础材料等重点领域，以重点产品为龙头进行“全产业链持续创新能力建设”，推动产业链上下游产品设计、材料开发、工艺开发、装备制造、示范应用推广等企业和研发机构、高校等单位开展协同攻关，构建国产首台（套）、首批次产品大规模市场应用的生态系统，推动产业基础能力链式突破，一条龙发展（余江等，2019）。

（二）补锻结合，增强产业链安全性和控制力

从短期看，实施产业基础再造工程的目标是“补短板”，即在被国外“卡脖子”束缚比较明显的领域以及事关国家安全的领域和经济社会发展亟须突破的重点领域，加大重要产品和关键核心技术攻关力度，聚焦并明确工程重点，发挥新形势下集中力量办大事的新型举国体制优势，调动部门、企业、行业协会等各方力量，加快技术突破和集中力量攻关，使产业基础薄弱问题力争三年至五年得到初步缓解。实施断链、断供替代行动，推动龙头企业建立同准备份、降准备份机制。推动开展多元化采购，加强国际技术和贸易合作，加快拓展第二技术来源国。聚焦标志性产业链和关键产品，加快绘制重点产业链精准合作图，建立产业链补链、延链项目库，精准招引一批产业带动强、科技含量高、经济效益好的外资重大项目。

从长远看，不能满足于产业技术“点”上突破，要立足我国产业规模优势、配套优势和高铁、电力装备、通信设备、人工智能、量子计算等部分领域先发优势，全面夯实产业基础能力，构建有利于产业基础能力提升的制度环境，从长远战略角度推动一批能够助力高质量发展和引领新一轮科技革命与产业变革的产业基础技术和产品突破，努力锻造产业链供应链长板，形成局部领域领先的优势，获取反制“卡脖子”约束的非对称制衡能力，形成引领未来发展的产业基础优势，重点是“锻长板”“拓优势”。

为此，本书提出如下建议。一是加大产业基础能力建设资金投入。瞄准产业链关键短板，在10～15年内集中优势资源予以长期稳定支持，聚焦重大目标、统筹科技资源、发挥市场优势，推动实现重点突破。

二是强化产学研协同攻关。围绕重大原始创新和关键核心技术突破，加大攻关力度，强化共性技术研究平台建设，补齐底层技术短板，集中优势力量攻克一批明显受制于人的基础性、通用性技术与关键器件，着力解决生产实践中的共性理论和科学问题（何明珂和王文举，2018）。

三是分类推进关键技术突破。其一，攻克受制于人的技术短板，加强基础技术和共性技术研究。其二，强化受制于人的技术优势，巩固通信设备系统等方面的优势。其三，加强前沿、颠覆性技术突破，力争在量子通信、人工智能、新材料等前沿领域占据优势。其四，加强安全风险较大的不成熟技术的研发和监管，对具有潜在技术风险和经济社会安全隐患的技术加强监管，防范社会风险。

（三）企业主体，加快培育产业链龙头企业和专精特新单项冠军企业

企业是产业链现代化的主体，提升产业链现代化水平必须强化对企业主体的培育，加大对龙头企业和专精特新中小企业的支持力度。

一是加快培育产业链龙头企业。支持企业家通过创造新模式、运用新技术、制造新产品、开拓新市场，培育壮大一批产业生态中具有重要影响力和主导作用的领军企业。借助全球产业体系重构契机，推动企业在研发设计、技术创新、生产管理、品牌建设等方面取得突破，加快提升本土企业竞争力，培育以我国企业为主导的国家价值链，促进优势企业利用创新、标准、专利等优势开展对外直接投资和海外并购，有效整合全球资源，形成全球生产网络的治理能力，加快向具有国际竞争力的跨国公司转变（尹训飞，2019）。

二是加大专精特新中小企业培育力度。以提升基础产品、关键基础材料、核心零部件研发制造能力和基础软件研发、先进基础工艺和尖端设计能力为目标，实施“关键核心技术—材料—零件—部件—整机—系统集成”全链条培育路径，建立分类分级、动态跟踪管理的企业梯队培育清单，给予企业长周期持续稳定的支持，加快培育一大批主营业务突出、竞争力强的专精特新中小微企业，打造一批专注于细分市场，技术或服务出色、市场占有率高的单项冠军。

（四）加强统筹，发挥好中央和地方合力

把握和处理好中央顶层设计与地方主动作为、政府引导与市场主导、地区布局与区域协同等关系，发挥多方合力，共同推进产业链供应链安全稳定发展。

一是深化实施以重大需求为导向的产业升级和产业链安全战略。通过国家层面战略牵引，形成强大市场需求，带动产业转型升级，提高产业链安全保障（盛朝迅，2019b）。推进实施“备胎计划”，在关系国计民生的产业链的重要环节，以及事关国家安全的重要产业领域，加强前瞻性战略布局，扶持重点企业进行战略性技术储备。加强对半导体等重点产业发展的统筹布局，集中优势力量突破关键

核心技术领域，重点支持当前已经迈过技术和量产难关的半导体项目做大做强。

二是优化区域产业链布局。推进生产力布局优化调整，根据不同区域制造业发展的基础条件、优势和发展潜力，明确各自的战略重点，增强我国产业链发展的战略纵深和回旋空间。东部地区要以长三角一体化发展、粤港澳大湾区建设等为重点，强力推进创新驱动发展战略，充分发挥国家级新区、国家自主创新示范区、国家高新区等高端要素集聚平台作用，通过创新提升工业质量和竞争力，打造一批具有全球影响力和竞争力的世界级先进制造业集群。发挥中西部地区承接产业转移的潜力，选择发展基础较好、交通条件便利、环境承载力较高的中等城市，积极打造一批先进制造业基地，并在资金、技术、土地供应、税收等方面加大支持力度，着力推动以创新驱动、智慧高效、绿色低碳为重点的新型工业化，逐步形成一批新的国家工业基地（李金华，2020）。

三是大力发展产业集群。重点依托长三角、京津冀和粤港澳大湾区培育与发展一批具有全球影响力的战略性新兴产业集群和先进制造业集群，依托集群内龙头企业、上下游关键零部件供应企业、科研机构、产学研合作服务机构等，采取挂图作战的方式，集中力量攻克系统性强、复杂性高、替代难度大的短板产品和技术，逐步形成国产化能力（盛朝迅，2019c）。围绕重点领域产业发展和关键核心技术突破需要，加快基础检验检测和试验认证平台、新型研发机构、工业互联网、大数据中心等新型基础设施建设，提升专业化服务能力。强化对集群发展的金融支持，支持战略性新兴产业集群和先进制造业集群开展供应链融资，鼓励金融机构创新开发适应战略性新兴产业特点的金融产品和服务，加大对产业链核心企业的支持力度，优化产业链上下游企业金融服务。动员国家开发银行和商业银行将制造业中长期贷款优先向集群内承担关键零部件科研攻关和应用示范的制造业企业倾斜。探索保险模式创新，支持保险机构推出创客险、政策性财险、小贷保证险、首台（套）险等险种，精准服务创新创业和技术攻关，保证产业链供应链稳定。积极运用金融科技手段开展线上办理，提升供应链金融效率。推广形成“龙头企业—大项目—产业链—制造基地—产业集群”模式，加强基于网络的虚拟产业集群和科技创新特色鲜明的产业集群建设与培育。

（五）优化环境，强化产业链现代化政策支撑

由于产业基础具有前期投入大、进入门槛高、技术突破难等特征，仅仅依靠市场力量难以突破，必须强化体制机制保障，优化制度供给，为产业基础发展提供良好的制度环境。

一是完善产业基础发展导向机制。营造有利于产业基础能力提升和产业链现代化发展的环境，加大金融对产业链水平提升的支持，形成有利于企业家才能、

高技术人才和资本等创新要素流向制造业的报酬结构，推动金融、房地产和实体经济报酬结构再平衡。

二是营造良好的产业生态。鼓励上下游企业加强产业协同和技术合作攻关，通过资源整合、运营协同和利益共享，建立空间跨区域、横向跨产业、纵向跨链端的利益共同体组织，形成互容共生、分工合作、利益共享的新型产业生态。

三是加大行业协会等中介组织和服务机构建设。通过建立信息交流平台、共性技术研发平台、标准制定和行业秩序规范平台，密切产业链上下游和产学研用各方合作关系，形成支撑产业链现代化发展的协调平台。

四是创新政府支持方式。鼓励采取“揭榜挂帅”、众包众筹、后补助等方式推进“卡脖子”技术攻关，充分发挥技术研究团队主动性和创造力。进一步拓展研发费用加计扣除政策适用范围，将外购研究成果、技术知识、专利等费用明确列入抵扣范围，完善科技成果转化机制。大力发展平台经济，通过提供智能化、数字化应用场景，为产业链现代化提供有效需求支撑。把基础领域创新技术和产品纳入首台（套）、首批次保险补偿支持范围，加大对基础领域补短板的支持力度。在党政机关和金融、能源、通信等重要领域，推动芯片、基础软件等自主产品加速应用成熟，加快形成自主产业生态。

五是强化人才引进培育。加快产业技术领军人才队伍建设，培养潜心科研、热爱探索的科学家和创新人员。通过薪酬制度、评价制度等体制机制创新，充分赋予科研人员决策权，落实科研经费管理制度，完善人才评价体系，支持科研人员更加心无旁骛地投身科研之中。鼓励企业建立针对优秀技工的补助性津贴制度，在收入分配和荣誉制度设计上向一线技术工人倾斜，打造新时代大国工匠和高素质、高技能人才队伍。强化高水平人才引进，优化外籍人士来华工作许可证办理流程，完善住房、教育、医疗等配套条件，吸引国际高水平人才集聚。

（六）内外协同，推动产业链国际合作

实践证明，越开放越安全，在推进产业链现代化过程中要辩证看待供应链安全性与开放性之间的关系，毫不动摇地扩大开放，更好发挥外资企业在技术、管理和全球经营等方面的优势，发挥内外资企业合力，共同推进产业链现代化。

一是进一步优化利用外资环境。加快落实各项稳外资政策措施，进一步完善外商投资促进服务体系，建立引进优质外资项目市场化奖励机制，培养服务外资的国际化业务人员，简化审批外资项目规划用地，优化政企沟通反馈机制，推动营商环境国际化、市场化、法治化发展，增强对外资企业的吸引力。

二是构建多元化供应链体系。进一步巩固和增强与欧盟、日本、韩国的产业链供应链联系，依托“一带一路”构建“中国+X”产业链，积极推进供给来源多元化，创造“你中有我、我中有你”更普遍的供应链形态，提高产业链的开放性、安

全性与可控性，在全球产业链重构中掌握主动权和先发优势（王昌林等，2017）。

三是发挥海外机构作用。发挥在海外投资的行业龙头企业、海外服务平台、海外商会等海外机构的作用，支持建设线上线下展示平台、国内外电子商务平台等，提供政策咨询、信息共享、企业联谊等支持服务，加大对日本、韩国、欧洲等地招商引资力度，吸引跨国公司在我国设立总部型企业。

参考文献

戴翔, 宋婕. 2018. 我国外贸转向高质量发展的内涵、路径及方略[J]. 宏观质量研究, (3): 22-31.

丁俊发. 2016. 美国全球供应链安全国家战略与中国对策[J]. 中国流通经济, 30(9): 5-9.

何明珂, 王文举. 2018. 现代供应链发展的国际镜鉴与中国策略[J]. 改革, (1): 22-35.

贺俊. 2020. 从效率到安全: 疫情冲击下的全球供应链调整及应对[J]. 学习与探索, (5): 79-89, 192.

李金华. 2020. 我国创新型产业集群的分布及其培育策略[J]. 改革, (3): 98-110.

盛朝迅. 2019a. 制造立国[M]. 北京: 中国社会科学出版社.

盛朝迅. 2019b. 推进我国产业链现代化的思路与方略[J]. 改革, (10): 45-56.

盛朝迅. 2019c. 构建现代产业体系的瓶颈制约与破除策略[J]. 改革, (3): 38-49.

王昌林, 盛朝迅, 苑生龙. 2017. 特朗普“制造业回流”政策对我国产业的影响及应对[J]. 全球化, (8): 62-68，134.

吴金明, 邵昶. 2006. 产业链形成机制研究——“4+4+4”模型[J]. 中国工业经济, (4): 36-43.

杨丽花, 王跃生. 2020. 建设更高水平开放型经济新体制的时代需求与取向观察[J]. 改革, (3): 140-149.

尹训飞. 2019. 制造业产业链安全现状与对策[J]. 中国工业和信息化, (7): 54-59.

余江, 陈凤, 张越, 等. 2019. 铸造强国重器: 关键核心技术突破的规律探索与体系构建[J]. 中国科学院院刊, 34(3): 339-343.

案 例 篇

第七章

产业链安全评价案例研究方法概述

当前新一轮科技竞争愈演愈烈，美国等部分国家试图通过科技和供应链脱钩等手段，对我国科技、产业和经济的发展形成掣肘。习近平总书记强调“树立底线思维”（习近平，2020），做到“尽快突破关键核心技术”（习近平，2021）。科学系统的产业链监测和评估方法，是新形势下我国产业链安全评估和决策的重要手段。

产业知识图谱是以图谱的方式对产业链较为完备的数据要素进行描述和展示。在产业知识图谱的基础上建立产业链安全评估模型，可以较为全面和系统地对产业链安全进行评估。本章描述了基于产业知识图谱的产业链分析框架，构建了国内国际双循环发展格局下产业链安全评估方法，同时也客观指出了产业知识图谱数据和方法的局限性，为具体行业的产业链安全评估提供新的工具和视角。

一、基于产业知识图谱的产业链描述框架

产业链是涉及多要素的、动态的复杂系统。复杂系统的建模须对系统进行全景的动态数据要素描述，并通过系统地观测进行分析和决策。产业知识图谱是对产业链系统中的人才实体、机构实体、技术实体、国家实体、城市实体、资金实体和产品实体等要素及要素间关联关系进行揭示的数据描述框架。产业知识图谱是描述“技术—人—机构—资本—产品”的异构图[①]，由产业链中的技术、人、机构、资本、产品等实体构成，实体间通过不同类型的关系进行连接。产业知识图谱与普通异构图的区别在于，产业知识图谱中技术实体间通过“上位技术和下位技术”关系进行关联。产业知识图谱以细粒度的、全景的方式描述产业链，可作为智能分析、辅助决策的数据建模工具。

产业知识图谱（industrial knowledge graph，IKG）的数据模型可描述为：

① 异构图是网络科学的概念，是指图结构中存在不同类型的节点和边（节点和边至少有一个具有多种类型）。本书中的产业知识图谱中节点和边均有多种不同的类型。

$IKG=\{TE, TA, I, C, P, E_{TE\_TA}, E_{TE\_I}, E_{TE\_C}, E_{TE\_P}, E_{TA\_I}, E_{TA\_C}, E_{TA\_P}, E_{I\_C}, E_{I\_P}, E_{C\_P}\}$。

（1）技术节点 $TE_i \in \{TE_1, TE_2, \cdots, TE_{NTE}\}$， NTE 是技术节点的个数。

（2）人才节点 $TA_i \in \{TA_1, TA_2, \cdots, TA_{NTA}\}$， NTA 是人才节点的个数。

（3）机构节点 $I_i \in \{I_1, I_2, \cdots, I_{NI}\}$， NI 是机构节点的个数。

（4）资本节点 $C_i \in \{C_1, C_2, \cdots, C_{NC}\}$， NC 是资本节点的个数。

（5）产品节点 $P_i \in \{P_1, P_2, \cdots, P_{NP}\}$， NP 是产品节点的个数。

上述各节点具有不同的属性，如人才的职称、国籍等属性，机构的高校、院所、企业等创新主体类型属性，资本的外资、国资、民间基金会等来源属性。产业知识图谱中节点间的连接关系应满足以下条件。

（1）$\exists E_{TE\_TE}^i \in \{E_{TE\_TE}^1, E_{TE\_TE}^2, \cdots, E_{TE\_TE}^{MTETE}\}$， MTETE 是技术节点间的连边数量，连边的语义关系包括：共现、包含、属于、相关、相似等。

（2）$\exists E_{TA\_TA}^i \in \{E_{TA\_TA}^1, E_{TA\_TA}^2, \cdots, E_{TA\_TA}^{MTATA}\}$， MTATA 是人才节点间的连边数量，连边的语义关系表示人才间是否存在合作关系。

（3）$\exists E_{I\_I}^i \in \{E_{I\_I}^1, E_{I\_I}^2, \cdots, E_{I\_I}^{MII}\}$， MII 是机构节点间的连边数量，连边的语义关系表示机构间是否存在合作关系。

（4）$\exists E_{TE\_TA}^i \in \left\{E_{TE\_TA}^1, E_{TE\_TA}^2, \cdots, E_{TE\_TA}^{MTETA}\right\}$， MTETA 是技术节点与人才节点间的连边数量，连边的语义关系表示人才是否掌握该项技术。

（5）$\exists E_{TE\_I}^i \in \{E_{TE\_I}^1, E_{TE\_I}^2, \cdots, E_{TE\_I}^{MTEI}\}$， MTEI 是技术节点与机构节点间的连边数量，连边的语义关系表示机构是否掌握该项技术。

（6）$\exists E_{TE\_C}^i \in \{E_{TE\_C}^1, E_{TE\_C}^2, \cdots, E_{TE\_C}^{MTEC}\}$， MTEC 是技术节点与资本节点间的连边数量，连边的语义关系表示资本是否投资该项技术。

（7）$\exists E_{TE\_P}^i \in \{E_{TE\_P}^1, E_{TE\_P}^2, \cdots, E_{TE\_P}^{MTEP}\}$， MTEP 是技术节点与产品节点间的连边数量，连边的语义关系表示产品是否采用该项技术。

（8）$\exists E_{TA\_I}^i \in \{E_{TA\_I}^1, E_{TA\_I}^2, \cdots, E_{TA\_I}^{MTAI}\}$， MTAI 是人才节点与机构节点间的连边数量，连边的语义关系表示人才是否属于该机构。

（9）$\exists E_{TA\_C}^i \in \{E_{TA\_C}^1, E_{TA\_C}^2, \cdots, E_{TA\_C}^{MTAC}\}$， MTAC 是人才节点与资本节点间的连边数量，连边的语义关系表示人才是否获得该资本。

（10）$\exists E_{I\_C}^i \in \{E_{I\_C}^1, E_{I\_C}^2, \cdots, E_{I\_C}^{MIC}\}$， MIC 是机构节点与资本节点间的连边数量，连边的语义关系表示机构是否获得该资本。

（11）$\exists E_{I\_P}^i \in \{E_{I\_P}^1, E_{I\_P}^2, \cdots, E_{I\_P}^{MIP}\}$， MIP 是机构节点与产品节点间的连边数量，连边的语义关系表示机构是否拥有该产品。

在产业知识图谱的数据描述框架基础上，产业链安全评估对关注的产业技术要素进行自身维度和竞争环境维度的数据建模，并通过定义安全度判别函数进行各技术要素的安全评估。

二、双循环发展格局下的产业链安全评估方法

我国关于产业链的研究主要采用的是“产业链”（industrial chain）概念，国外研究则使用的是与产业链类似的概念“供应链”（supply chain）。这一区别同样反映在学术研究上，国内外学者的研究方向有各自不同的侧重点。国内学者更多从国家和行业的大视角审视产业链（张立和王学人，2002；刘毅军等，2006；Tang and Musa，2011；Zhang and Xing，2011；程婧，2013；韩琪，2014；孔祥永，2014；皮光林，2016），既关注产业链结构、模式、机制以及升级路径等，又兼顾产业链与供应链、价值链、创新链多链协同发展；而国外学者则更多从企业战略的角度研究供应链战略（Jüttner，2005；March and Shapira，1987；Heckmann et al.，2015；Holton，2004；Manuj and Mentzer，2008a，2008b；Khan and Burnes，2007；Rao and Goldsby，2009；Vilko et al.，2014；Ho et al.，2015）。国内外学者对产业安全或者产业风险定义的共识可概括为：在开放格局下，由于政策变动、环境变化、决策失误以及竞争对手冲击等情况而致使产业的增长发展受到阻碍或失去控制的可能性。

整体的安全取决于局部的安全，产业链安全的评估须建立在对产业链中各环节要素的安全程度掌握的基础上。产业链中各要素的安全评估考虑各要素的自身竞争力和外部竞争环境。在当前激烈的国际科技竞争大背景下，产业技术安全成为我国高水平科技自立自强需要考虑的重要因素。因此本书以产业技术安全为主维度，通过对产业知识图谱中技术要素关联的人才、机构等数据要素进行建模分析，评估产业技术维度的安全。在上述方法的基础上，对产业链上下游技术体系中的各个技术层级进行分析，以获得产业链安全的全局掌握。

在产业链双循环发展格局和驱动产业链高质量发展的背景下（王一鸣，2020），技术安全视角下的产业链安全要确保两个方面的安全：引进来的产业技术安全和走出去的产业技术安全。引进来的产业技术安全是指，在国内环境中，本国产业对国外技术的依赖程度是否影响到产业链安全；走出去的产业技术安全是指，国家的产业技术实力和技术储备是否具备在国际上开展商品贸易和服务的竞争力。因此，本章尝试对上述两个场景进行建模分析，并分别评估各案例产业链的安全情况。

（一）外循环视角下的产业链安全评估方法

在外循环视角下，产品和服务在贸易过程中的技术竞争力是产业发展面临的重要问题，产业技术竞争力是评估国际竞争环境下产业安全的重要维度。在本书第二章中，课题组提出了按照产业链控制力、产业链竞争力、产业链发展环境三个指标进行产业链整体安全评估，本章以产业技术为主要评估维度，在上述评估指标的基础上进一步进行建模分析，从技术安全的视角揭示产业链中各要素的安全情况。课题组在前期技术评估研究成果（王学昭等，2021）的基础上，提出产业技术角度的控制力、竞争力、发展环境三个一级指标的二级扩展指标和测度方法。产业技术控制力维度主要包括产业技术链的完整性和产业技术的市场布局。产业技术竞争力维度主要包括产业技术在市场中的竞争力和技术创新性。产业技术发展环境维度主要包括人才情况、在国际市场中的同业竞争情况和同业垄断情况。具体评估的指标如表 7-1 所示。

表 7-1　外循环视角下产业链技术风险指标

一级指标	二级指标	计算方法	标识
产业技术控制力	完整性	待分析主体申请且获得过授权	★
		待分析主体申请尚未获得授权	☆
	技术市场布局	技术授权国家超过 X1 个（X1 为下限阈值）	●
		技术授权国家少于 X2 个（X2 为上限阈值）	○
产业技术竞争力	市场竞争力	专利申请量超过 X3 件（X3 为下限阈值）	↑
		专利申请量少于 X4 件（X4 为上限阈值）	↓
	技术创新性	存在核心专利（核心专利可由技术专家判断，或遴选权威数据库中的高价值/高强度专利）	🗗
		三方专利（本书指同时在美国、欧洲、日本提交申请的专利）并在中国提交申请	▲
		三方专利未在中国提交申请	△
产业技术发展环境	人才情况	人才聚集度 *T* 大于 X5（X5 为下限阈值，百分数）	🚹
	同业竞争情况	提交专利申请的机构数量大于 X6 个（X6 为下限阈值）	🏛
	同业垄断情况	基于专利数量的技术垄断程度高于 X7（X7 为下限阈值，百分数）	⊖
		专利数量少引起的技术垄断	⃠

在二级指标计算结果的基础上对技术进行技术壁垒区、技术机会区、技术优势区和技术空白区四类风险区间进行判断，从而形成对产业链的整体安全情况评估。各产业技术风险区间的判定解读如表 7-2 所示，其中，处于技术优势区的技术是相对安全的技术。技术壁垒区往往竞争激烈，我国或其他待分析主体[①]在该领

① 本章待分析主体还包括美国、日本、韩国和德国。

域有一定的技术实力，但还处于跟随式研发阶段，具有一定的风险。技术机会区和技术空白区的待分析主体发展空间较大，相比于处于技术空白区的待分析主体，处于技术机会区的待分析主体进行技术突破和弯道超车的可能性更大。

表 7-2　产业技术风险判定表

状态	含义	部分判别标识示例
技术壁垒区	通常布局于在该技术点的国内外专利（论文）数量较多，待分析主体在该技术点虽有专利（论文）布局，但待分析主体不掌握或仅少量掌握该技术领域重要的专利（论文）。处于技术壁垒区的待分析主体在研发中应主要围绕与核心技术相关的技术改进，以防形成更严密的组合技术壁垒；或进行跟随式研究，寻找技术缺陷或者进行创新，在原有技术的基础上提高研发起点，寻求二次研发创新；也可综合结合在其他技术方向拥有的较大技术布局优势，寻求在技术交叉领域取得突破	●↑🧍🏛🗗▲★ ●↑🏛🗗▲★ ●🧍🏛🗗▲★
技术机会区	通常虽有多个主体在该技术点布局专利（论文），但专利（论文）数量不多，且无相对重要的专利（论文）。在机会区进行布局应以核心技术为主，并结合相关技术布局形成组合保护，防止被竞争对手超越	○⊖☆ ●↓⃠★ ●↓⃠△★
技术优势区	通常待分析主体在该技术点重点布局，待分析主体掌握该领域相对重要的专利（论文），或该技术点无相对重要的专利（论文）。待分析主体在优势区进行布局应紧扣自身技术优势，挖掘具备差异化竞争优势的技术方案，巩固和强化该优势点上的控制力，力争在优势点上占据行业领先地位，使自身技术更具防御性和竞争力	●🧍⊖★ ●↑🧍🏛★ ●↓⃠▲★
技术空白区	通常待分析主体在该技术点尚无技术布局。待分析主体若在该技术点布局首先需要确定是否存在技术瓶颈。若不存在或技术瓶颈可突破，待分析主体应立刻采取抢先申请知识产权保护的策略，尽早形成针对他方的技术壁垒	

（二）内循环视角下的产业链安全评估方法

国内循环视角聚焦国内技术竞争市场，主要评估国内创新主体在各产业技术环节对国内专利市场的把控程度。如果在某一技术领域国内创新主体的专利申请量只占该技术领域全部专利的10%及以下[①]，则意味着国内创新主体在该技术领域的创新空间较大程度受外资企业的制约和限制，而该领域则是一个高风险的技术领域。同样地，如果某一领域国内创新主体对国内专利市场的把控程度在10%至50%之间，该领域则为一个中风险节点。当国内创新主体对国内专利市场的把控程度超过50%时，该领域为一个相对安全的技术领域。

① 阈值的选取参考了专家意见以及数据分布情况。

三、数据及方法的局限

当前我国集成电路、新能源汽车和人工智能等战略性产业受到国外技术打压与封锁，特种钢是我国工业强国的重要支撑，同时也面临核心产品不能自给自足的问题。本书第八至第十一章选取上述四个典型行业作为产业链安全分析的对象，通过产业知识图谱的数据描述和双循环背景下的产业链安全评估模型，梳理产业各技术要素所处的安全区间（优势、机会、壁垒、空白），为产业链安全和产业高质量发展的前瞻部署决策提供观察视角。

本书案例研究中，采用构建产业技术层级，并将产业技术层级与各行业的科技论文和专利进行关联以构建产业知识图谱的数据分析方法，在数据及方法方面的局限如下。

（1）案例研究采用了自然语言处理、深度学习等方法并结合人工判读进行产业技术层级、产业知识图谱的构建，但由于数据量大，语义计算的精度仍有不足，因此不排除产业知识图谱中仍然存在少量错误节点和错误映射关系的可能性。

（2）案例产业链的一级节点尽可能采用与主流行业报告一致的划分方法。各产业链中的分支技术节点间的上下位关系采用计算机抽取结合人工判读的方法，在人工判读中可能存在不同的主观理解偏差。

（3）案例产业知识图谱采用的是科技论文数据①和专利数据②中包含的人才、机构、国家等实体数据，仅部分揭示产业链中的技术安全情况。产业链涉及的资金情况、产品情况未在第八至第十一章的案例研究中进行实证分析。

（4）随着产业技术的快速迭代，产业技术层级体系也存在时效的问题，需随着技术的发展不断更新。本书第八至第十一章案例产业链安全分析数据的时间范围为 2000 年至 2019 年，结果与当前产业链实际情况具有一定的差别。

产业链安全是系统性的复杂问题，受限于当前研究方法和研究数据的局限，本书研究的各案例行业产业知识图谱会存在不完备的情况，各行业案例的产业链安全分析结果仅供学术同行参考和进一步讨论。同时，产业链安全是较新的研究领域，产业链中局部安全与全局安全的关系问题，产业链中不同实体要素的安全如何进行统筹计算等难点，仍然是产业链安全研究课题未来需关注的重要方向。

参考文献

程婧. 2013. 产业演化及创新因素影响研究[D]. 南京：南京理工大学.

---

① Web of Science 论文数据库 https://www.webofknowledge.com。

② incoPat 专利数据库 https://www.incopat.com。

韩琪. 2014. 煤炭战略新兴产业链演化机理研究[D]. 徐州：中国矿业大学.
孔祥永. 2014. 美国“页岩气革命”及影响——兼论对中国页岩气开发的启示[J]. 国际论坛, 16(1): 71-76, 81.
刘毅军，李松玲，徐小辉. 2006. 天然气产业链下游市场风险评价模型探讨[J]. 天然气工业, (7): 136-138, 164.
皮光林. 2016. 中国页岩气产业风险管理研究[D]. 北京：中国石油大学（北京）.
王学昭，赵萍，赵亚娟，等. 2021. “技术–功效”视角下的专利布局形势揭示与风险判定[J]. 图书情报工作, 65(16): 73-80.
王一鸣. 2020. 百年大变局、高质量发展与构建新发展格局[J]. 管理世界, 36(12):1-13.
习近平. 2020-11-04. 关于《中共中央关于制定国民经济和社会发展第十四个五年规划和二〇三五年远景目标的建议》的说明[N]. 人民日报, (2).
习近平. 2021. 正确认识和把握中长期经济社会发展重大问题[J]. 实践（思想理论版）, (2): 4-9.
张立，王学人. 2002. 我国产业对外开放中的风险与控制[J]. 人文杂志, (5): 49-53.
Christopher M, Peck H. 2004. Building the resilient supply chain[J]. The International Journal of Logistics Management, 15 (2): 1-14.
Heckmann I, Comes T, Nickel S. 2015. A critical review on supply chain risk–definition measure and modeling[J]. Omega, 52: 119-132.
Ho W, Zheng T, Yildiz H, et al. 2015. Supply chain risk management: a literature review[J]. International Journal of Production Research, 53(16): 5031-5069.
Holton G A. 2004. Defining risk[J]. Financial Analysts Journal, 60(6): 19-25.
Jüttner U. 2005. Supply chain risk management: understanding the business requirements from a practitioner perspective[J]. The International Journal of Logistics Management, 16: 120-141.
Khan O, Burnes B. 2007. Risk and supply chain management: creating a research agenda[J]. The International Journal of Logistics Management, 18(2): 197-216.
Manuj I, Mentzer J T. 2008a. Global supply chain risk management[J]. Journal of Business Logistics, 29(1): 133-155.
Manuj I, Mentzer J T. 2008b. Global supply chain risk management strategies[J]. International Journal of Physical Distribution & Logistics Management, 38(3): 192-223.
March J G, Shapira Z. 1987. Managerial perspectives on risk and risk taking[J]. Management Science, 33(11): 1404-1418.
Rao S, Goldsby T J. 2009. Supply chain risks: a review and typology[J]. The International Journal of Logistics Management, 20(1): 97-123.
Tang O, Musa S N. 2011. Identifying risk issues and research advancements in supply chain risk management[J]. International Journal of Production Economics, 133(1): 25-34.
Vilko J, Ritala P, Edelmann J. 2014. On uncertainty in supply chain risk management[J]. International Journal of Logistics Management, 25(1): 3-19.
Zhang Y T, Xing L Y. 2011. Research on risk management of petroleum operations[J]. Energy Procedia, 5: 2330-2334.

第八章

我国集成电路产业链安全评价

一、集成电路产业知识图谱

随着新一轮信息科技革命的发展，集成电路的技术和产品遵循摩尔定律和后摩尔定律进行高速迭代和发展。集成电路产业在全球范围内引发了空前的资源要素聚集和整合、产业分工和协作。集成电路产业包含分立器件、设计、制造工艺、制造设备和封装测试等诸多关键产业链环节①（表 8-1），其中分立器件主要包含二极管、三极管、整流器、面包板电路等分立器件。集成电路的设计除了通用的仿真、逻辑综合、布线布局等设计外，还有晶体管新工艺设计、专用芯片的设计等技术。集成电路的制造工艺包括气相沉积工艺、蚀刻工艺、成型工艺等工艺环节。集成电路的制造材料主要分为半导体材料、光电材料、能源材料等类别。集成电路的制造设备包含了封装、净室、湿法刻蚀等工艺和环节的设备。集成电路的封装测试包含了晶片包覆、腐蚀、应力腐蚀等技术工艺。

表 8-1　集成电路产业链技术层级体系

二级技术	三级技术数量/个	三级技术示例	四级技术数量/个	四级技术示例	五级技术数量/个	五级技术示例	六级技术数量/个	六级技术示例	七级技术数量/个	七级技术示例
分立器件	60	二极管	187	双极性晶体管	17	肖特基晶体管应晶体管	—	—	—	—
设计	27	电子设计自动化	77	高级综合	22	滤波器	38	布拉格光栅	17	自旋转移力矩磁阻随机存取存储器设计

① 完整的集成电路产业链技术层级共包含 1040 个技术概念术语，共 7 个“技术-子技术”层级结构。受篇幅限制，这里仅呈现技术层级的部分概要信息。

续表

二级技术	三级技术数量/个	三级技术示例	四级技术数量/个	四级技术示例	五级技术数量/个	五级技术示例	六级技术数量/个	六级技术示例	七级技术数量/个	七级技术示例
制造材料	3	半导体材料	20	晶圆材料	147	硅基材料	57	晶体材料	21	单晶硅
制造工艺	23	气相沉积	49	化学气相沉积	8	等离子体增强化学气相沉积	0	—	0	—
制造设备	3	封装设备	41	净室设备	46	湿法刻蚀设备	8	氢氟酸浓度计	0	—
封装测试	14	晶片包覆	110	腐蚀	7	应力腐蚀	0	—	0	—

在上述集成电路技术层级的基础上，课题组将集成电路产业相关的科技论文和专利数据映射到集成电路产业技术层级体系，抽取论文和专利的作者、机构等元数据，构建“产业技术-论文-专利-作者-发明人-机构-国家”等实体关联的集成电路产业知识图谱。

二、集成电路产业关键技术趋势

集成电路产业的蓬勃发展，离不开一个多世纪以来科学技术的不断突破与进步，集成电路产业主要里程碑技术如图 8-1 所示。1833 年迈克尔·法拉第（Michael Faraday）发现了介于导体和绝缘体间的半导体特性，拉开了半导体科学研究的序幕。在上百年的科学研究中，半导体点压整流（point-contact rectifier）效应（1874 年）、场效应（field effect）半导体设备（1926 年）、P-N 结（1940 年）等技术的突破为半导体产业奠定了理论基础。双极结型晶体管（1951 年）、晶体管的扩散工艺（1954 年）、光刻技术（1955 年）、隧道二极管技术（1958 年）等为集成电路奠定了产业化基础。1958 年得克萨斯仪器（Texas Instruments）工程师杰克·基尔比（Jack Kilby）首次实现了集成电路。同期，仙童半导体公司（Fairchild Semiconductor）创始人罗伯特·诺伊斯（Robert Noyce）也实现了单片集成电路，并在 1959 年获得专利授权。特别是在 20 世纪后 50 年里，集成电路为信息科技革命奠定了基础。进入 21 世纪，借助集成电路芯片性能的提升，人工智能和机器学习等技术也取得突破性发展，以量子技术、纳米技术为代表的前沿技术正在给集成电路技术体系带来新的变革。

集成电路领域的科学研究与技术研发，已经形成了全球高度分工和区域性整合的格局。聚焦全球集成电路的关键技术趋势，以及我国在关键技术环节与美国和全球的差距等问题，本节通过论文和专利数据（2000～2019 年）进行技术态势分析，揭示全球集成电路产业的技术趋势，以及各国在关键核心技术上的竞合关系。

1. 全球集成电路技术创新趋势平稳，产业研发创新强度高于基础研究创新

从全球的论文和专利总量的时间趋势来看（图 8-2），2000～2019 年，集成电路领域的产业技术创新（专利）数量和基础研究创新（论文）数量均未有太大波动。集成电路的产业技术创新发展比较明显，专利的数量远远大于科技论文的数量，其中，年均专利量超过 10 万项，而年均论文发表数量仅为专利的 1/10。

2. 中国在集成电路领域的基础研究方面增长明显，与产业创新现状形成鲜明对比

以集成电路领域专利申请量 TOP6 国家为对象，对比分析其在 2000～2019 年逐年专利申请数量占比情况。尽管我国专利申请数量是逐年上升的，但是从图 8-3 可以看出我国的专利申请数量在 TOP6 国家中的占比份额却没有明显的增长趋势，集成电路的技术研发力量仍不足。美国专利申请数量占比正逐步提升，日本、德国等国家的专利申请数量占比均呈下降趋势。

以集成电路领域发文量 TOP6 国家为对象，对比分析其在 2000～2019 年逐年论文数量占比情况。从图 8-4 可以看出，中国论文数量占比呈现快速增长态势，从 2000 年的不足全球前 10 位国家和地区总量的 10%，增长到 2019 年的 70%以上，集成电路基础研究储备快速扩充。此外，印度论文数量占比也有一定程度的提升，而美国、法国、德国、日本等国家和地区的论文数量占比均呈下降趋势。

从中国在集成电路基础研发的情况对比来看，中国的基础研究和产业创新产出存在一定的反差。我国在集成电路领域的科技论文数量的增长领先全球，而同时我国在集成电路领域的专利申请数量却进步缓慢。这一情况存在的可能原因是，一方面，从基础研发到技术的产业化需要一定的时间才能起到促进作用；另一方面，专利申请数量上的劣势体现了企业主体的研发创新不足。

从全球主要国家和地区集成电路论文发表年度趋势及总量分布（图 8-5）可以看出，中国的集成电路基础研究论文产出总量呈现领先的态势。尽管在 2000～2009 年（图 8-6）中国的集成电路基础研究论文产出总量不及美国，但在 2010～2019 年（图 8-7）中国的集成电路基础研究论文产出总量以较大的优势超越美国及其他国家。

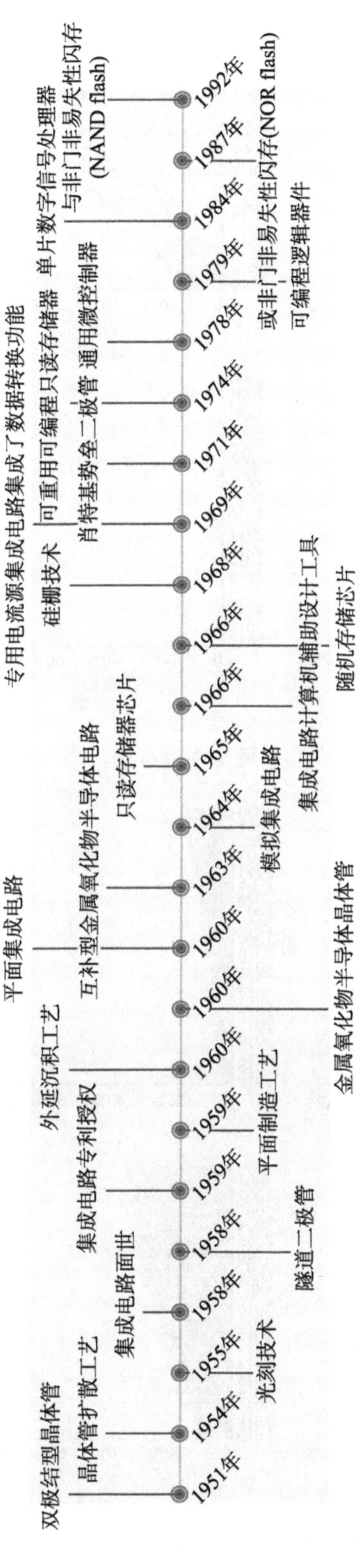

图8-1　集成电路产业的里程碑技术发展脉络（1950～2000年）

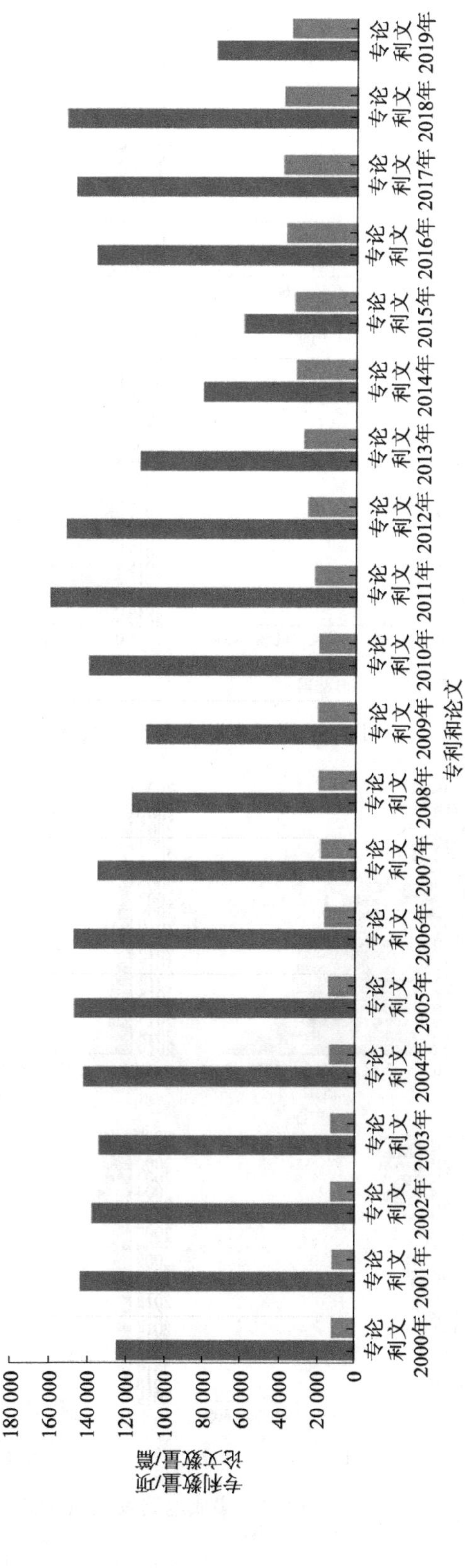

图8-2　全球集成电路专利和论文数量时间趋势（2000～2019年）

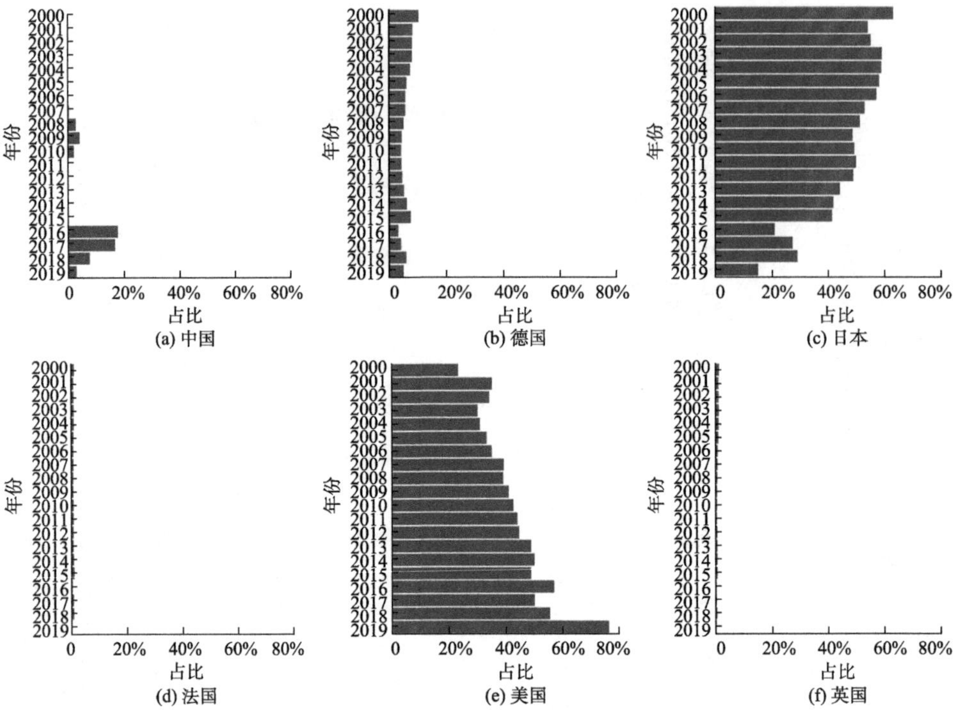

图 8-3 集成电路专利申请数量 TOP6 国家的专利申请量逐年占比

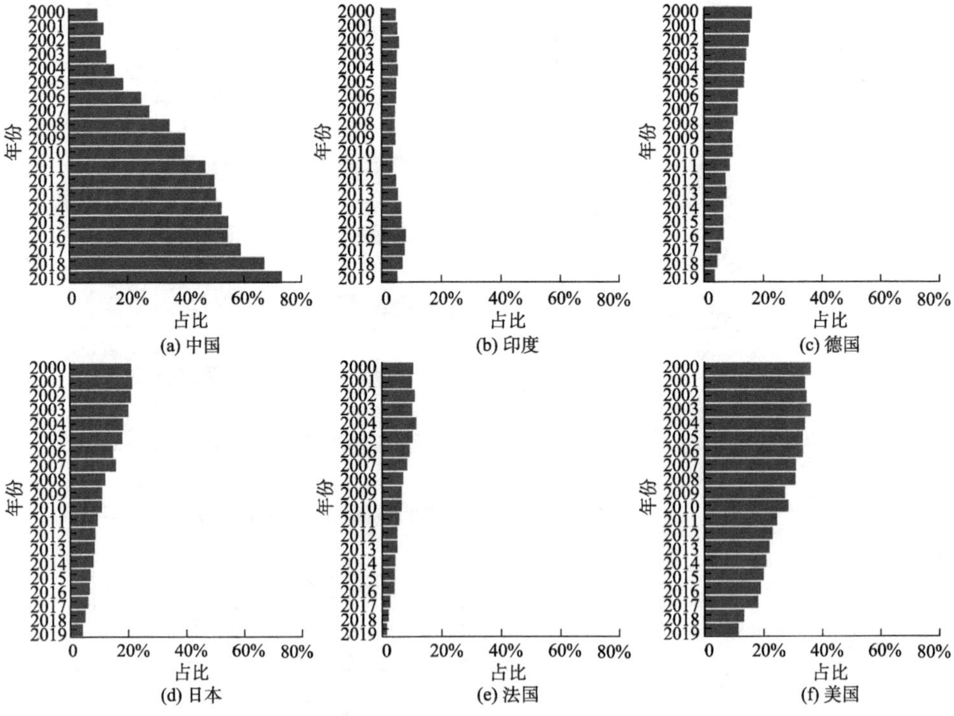

图 8-4 集成电路发文量 TOP6 国家论文数量逐年占比

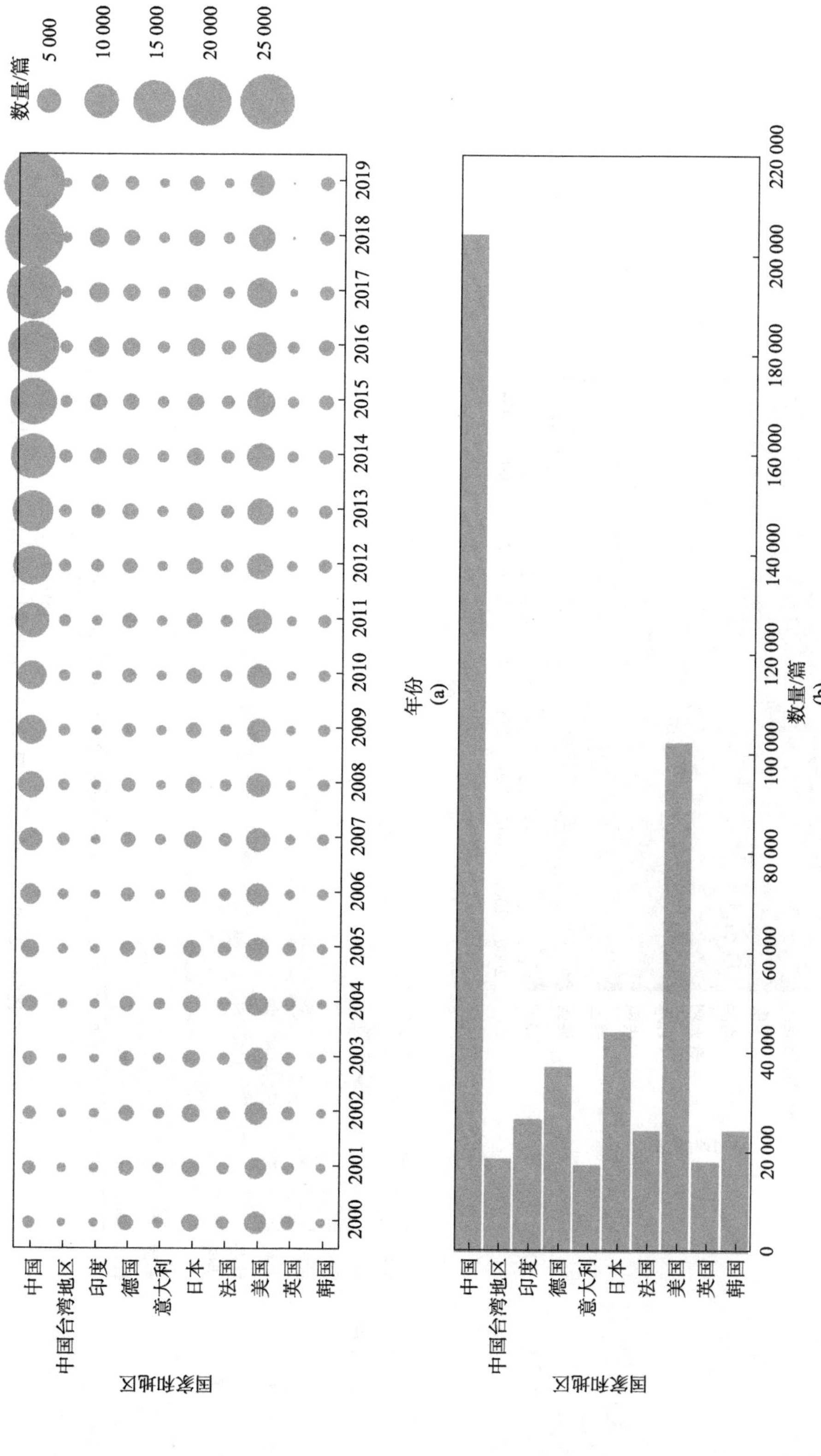

图8-5 2000~2019年全球主要国家和地区集成电路论文发表年度趋势及总量图

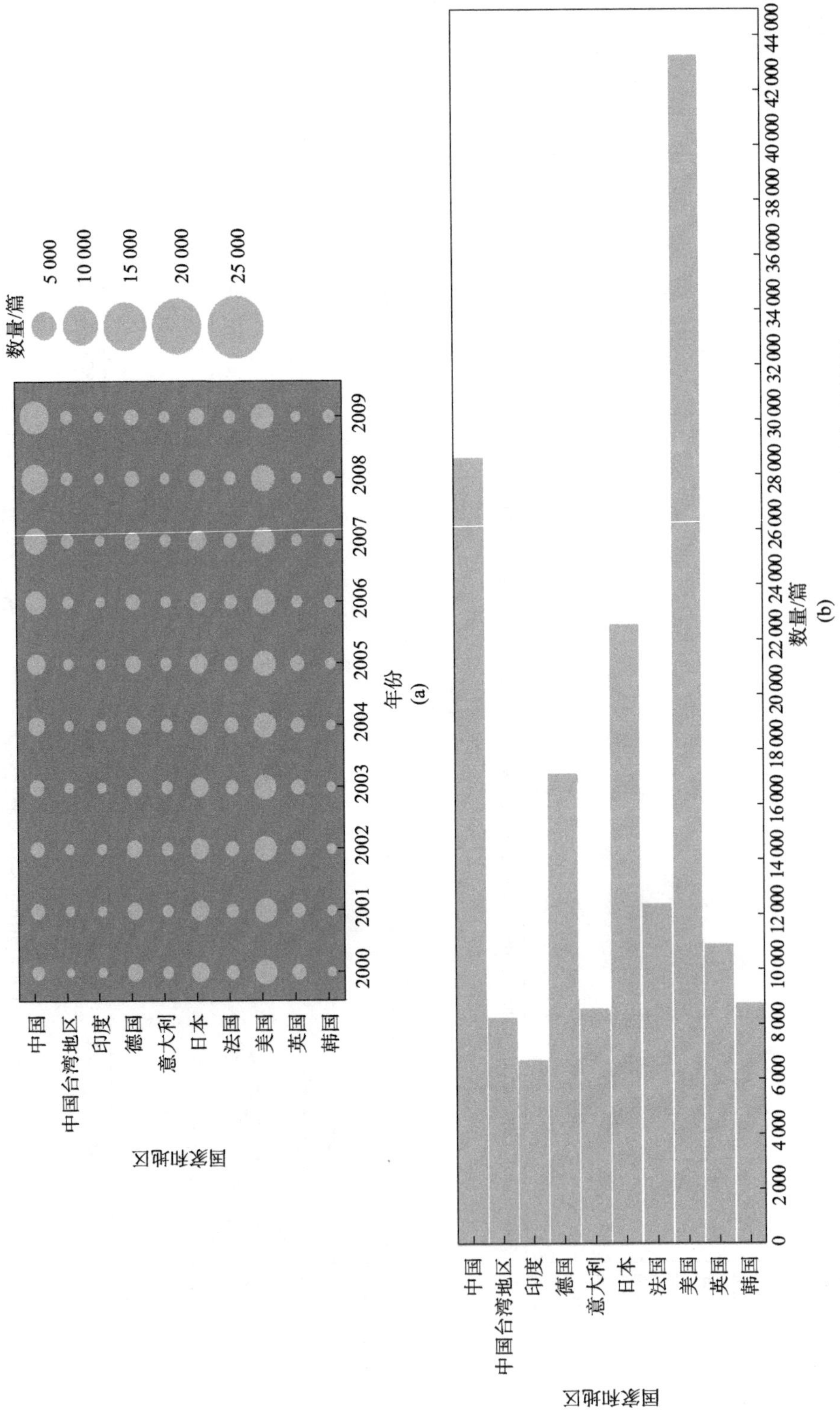

图8-6 2000～2009年全球主要国家和地区集成电路论文发表年度趋势及总量图

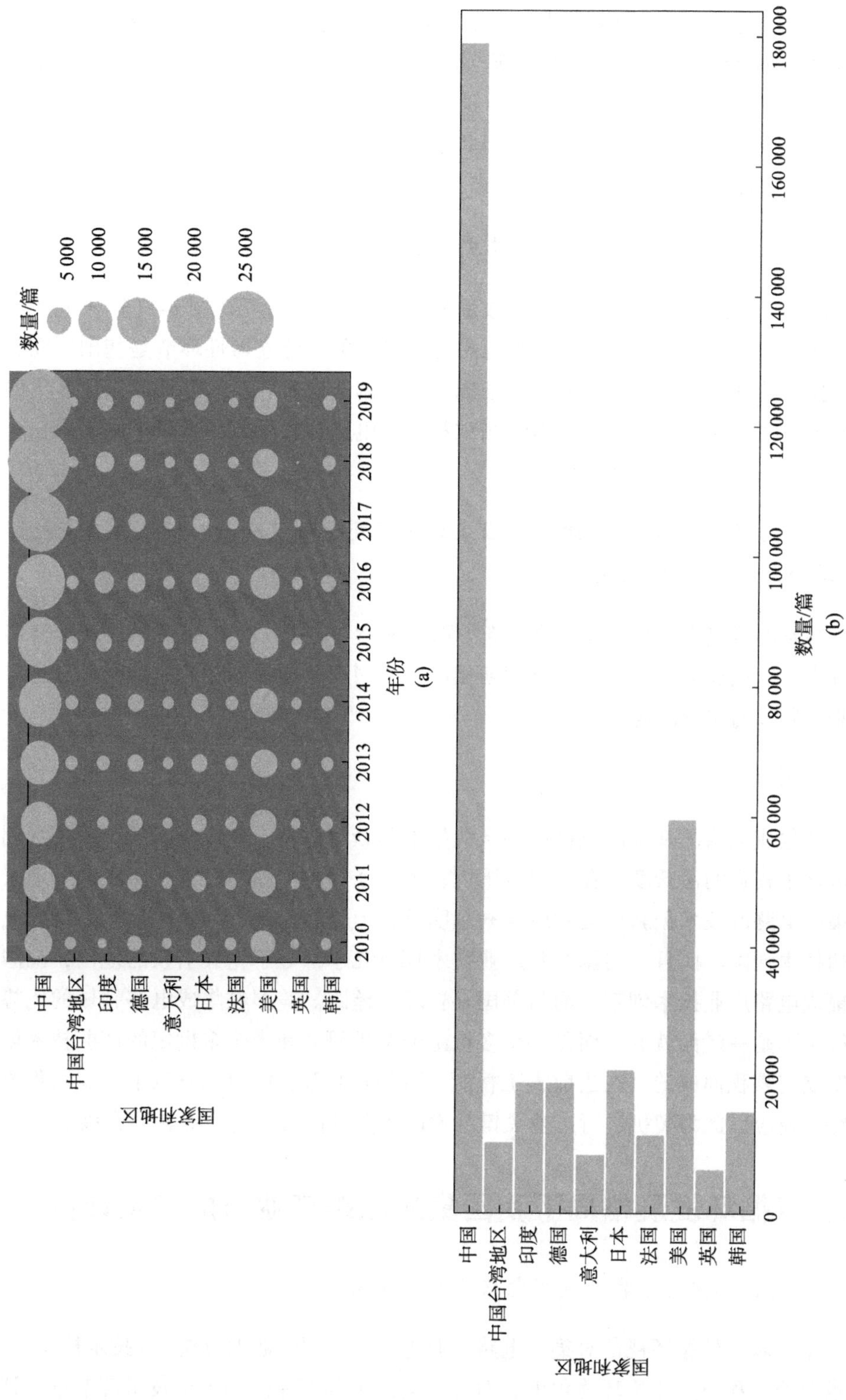

图8-7　2010～2019年全球主要国家和地区集成电路论文发表年度趋势及总量图

从全球主要国家和地区集成电路专利申请年度趋势及总量分布（图 8-8）可以看出，中国在集成电路产业技术创新方面处于相对劣势的位置，我国的专利申请量与日本、美国和欧洲专利局的专利申请量差距较大。从 2000～2009 年（图 8-9）及 2010～2019 年（图 8-10）两个 10 年时间窗口比较看，中国专利申请量虽有所增长，但仍落后于日本、美国等国家。

3. 集成电路产业链各环节的论文和专利整体情况

从集成电路产业链各环节论文数量及专利数量分布上看（图 8-11），不同的产业链环节的创新属性不相同。集成电路的制造材料、分立器件环节是基础研究和产业技术的创新成果产出高地，而集成电路的制造设备环节的创新成果更多集中在基础研究创新，制造工艺、封装测试和集成电路设计环节创新成果则集中在产业应用上。

4. 与国际技术水平相比，中国基础研究处于跟随阶段，但是各产业链环节的技术创新的差距明显

在基础研究创新和产业技术创新方面（图 8-12～图 8-15），美国在产业链各环节均具领先优势。与基础研究创新相比，中国产业技术创新的差距明显，且各产业链环节均比较薄弱。

5. 小结

从集成电路的基础研究创新和产业技术创新对比看，集成电路的产业技术创新呈现了较强的活跃度。在全球范围内，虽然亚洲（中国、日本、印度等）地区在集成电路的技术创新聚集效应越来越明显，但是总的来看，美国依然是集成电路的技术强国。而且，美国在各产业技术环节几乎都处于世界引领的地位，我国在集成电路产业技术创新方面与美国存在较大差距。美国在集成电路领域的优势地位绝不是一蹴而就的，而是一个多世纪的基础研究和半个多世纪的产业技术创新发展与累积而成的。在当前人工智能、万物互联等新的应用场景下，我国集成电路产业应以此为契机进行产业关键技术的攻关和高质量的产业转型升级。

三、双循环发展格局下我国集成电路产业链的安全评价

1. 外循环视角下我国集成电路产业链安全评价

本节基于外循环视角对集成电路产业进行安全评估数据分析。从技术控制力、技术竞争力和技术竞争环境角度，对我国集成电路产业链的各个技术环节进行评

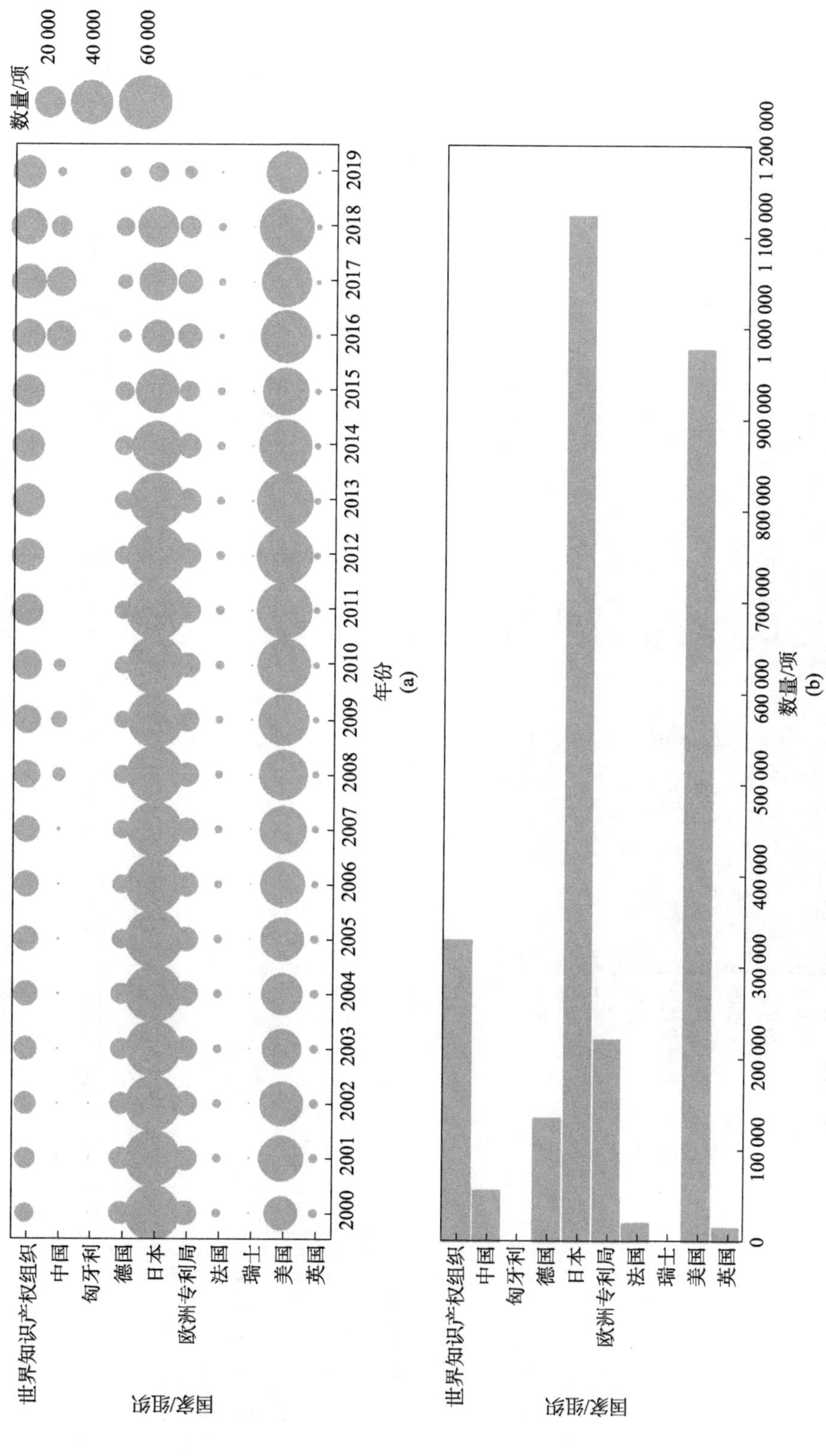

图8-8　2000～2019年全球主要国家/组织集成电路专利申请年度趋势及总量图

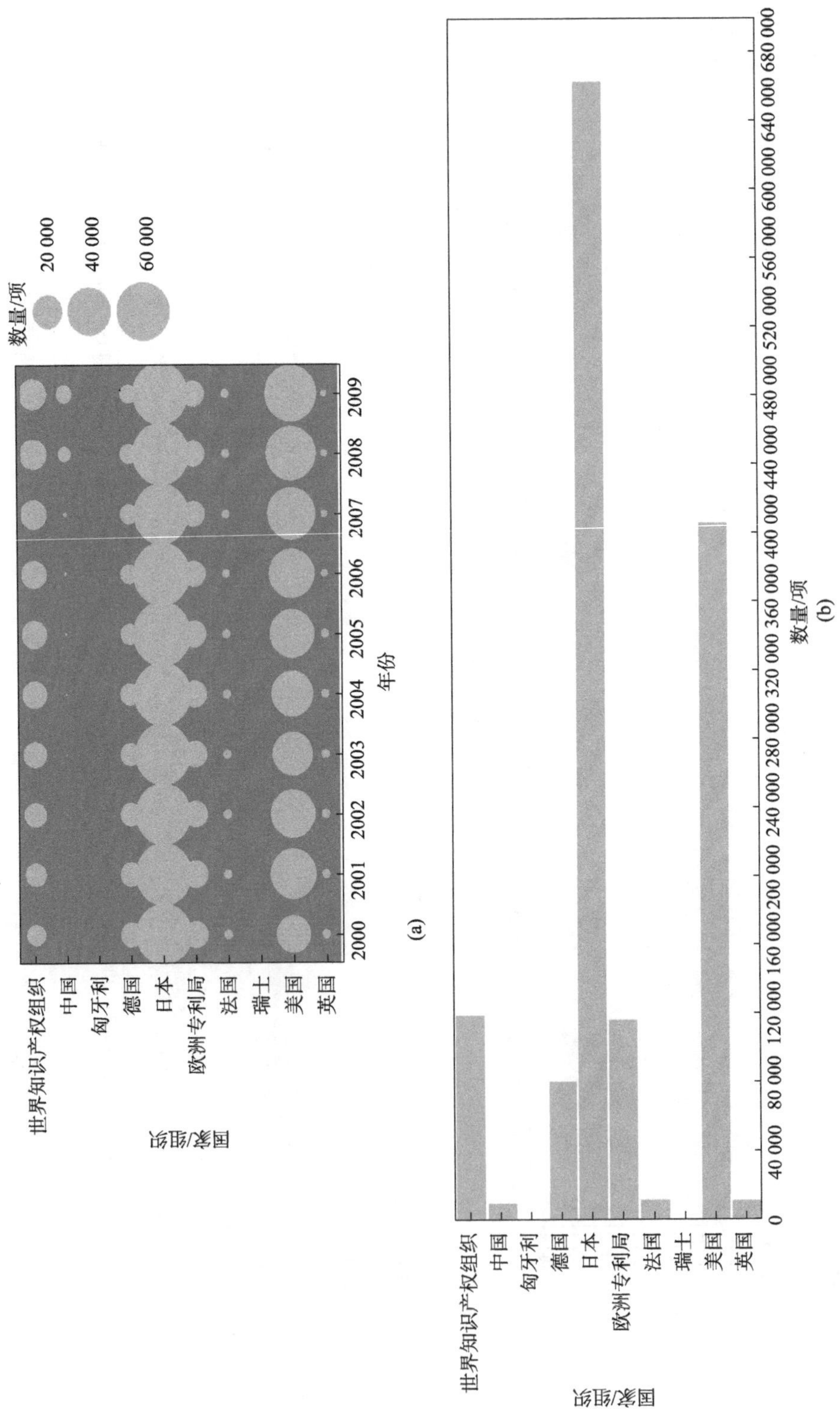

图8-9　2000~2009年全球主要国家/组织集成电路专利申请年度趋势及总量图

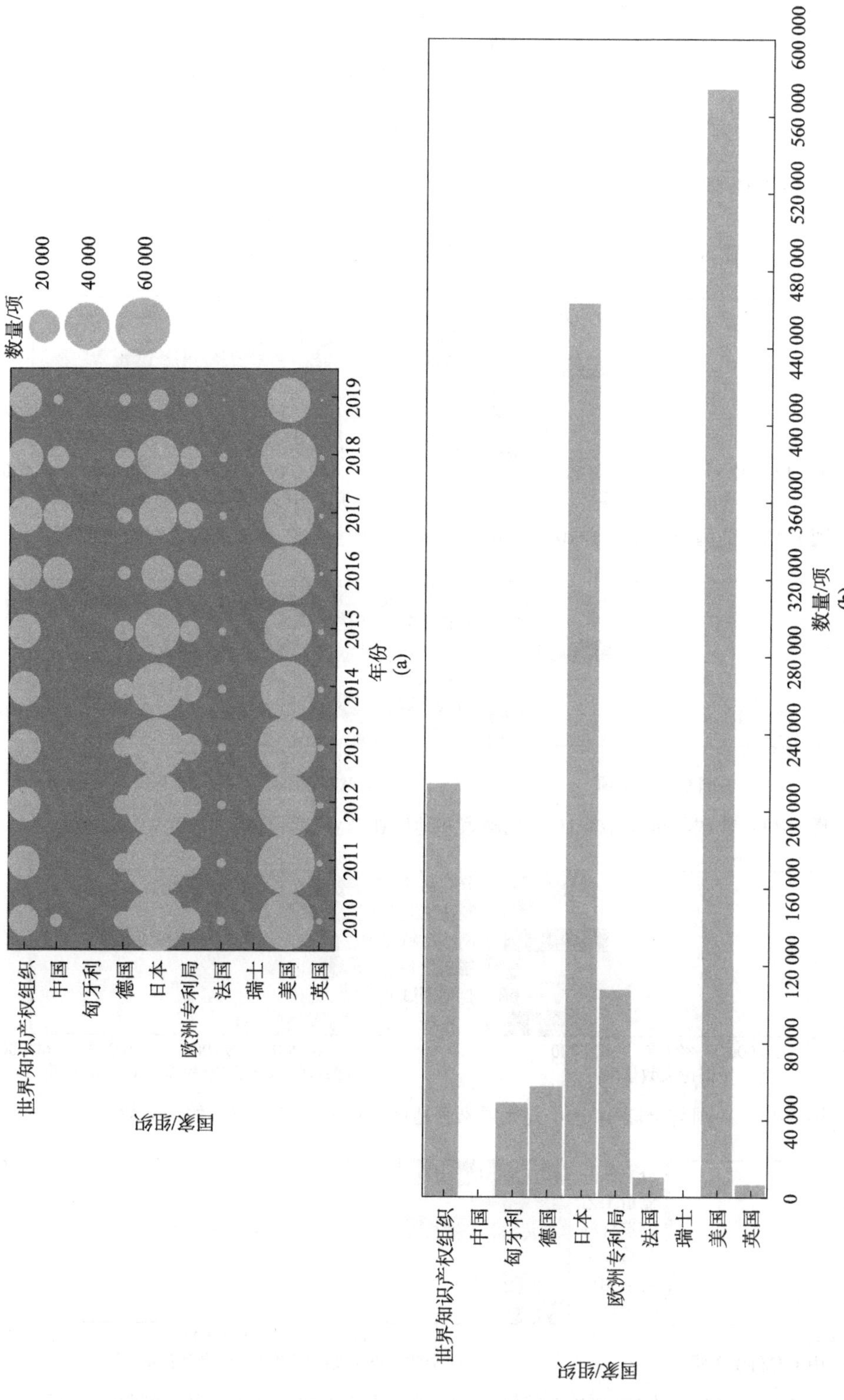

图8-10　2010～2019年全球主要国家/组织集成电路专利申请年度趋势及总量图

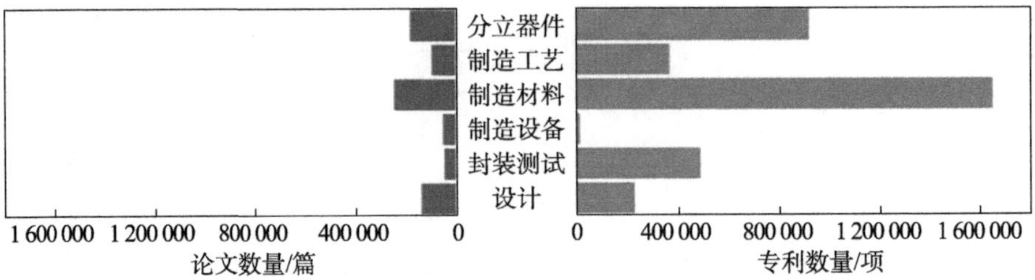

图 8-11 集成电路产业链各环节论文数量及专利数量分布图

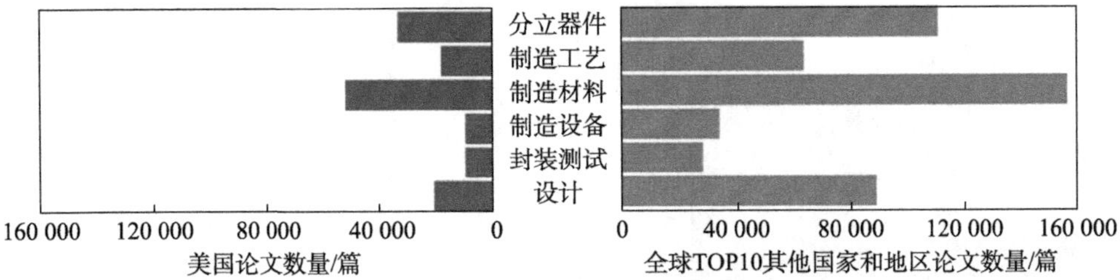

图 8-12 美国与全球 TOP10 其他国家和地区在产业链各环节上的论文数量差距

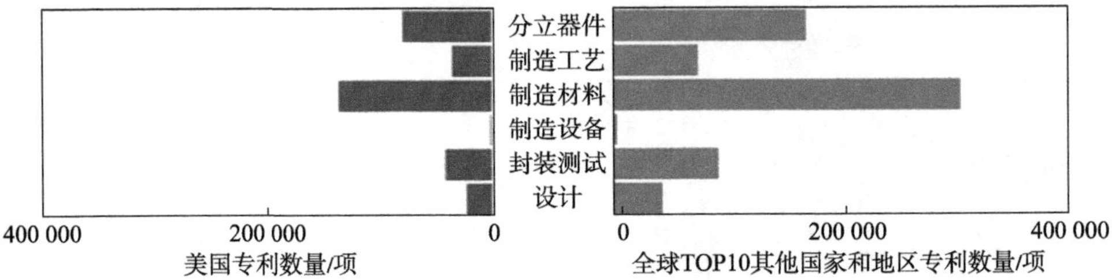

图 8-13 美国与全球 TOP10 其他国家和地区在产业链各环节上的专利数量差距

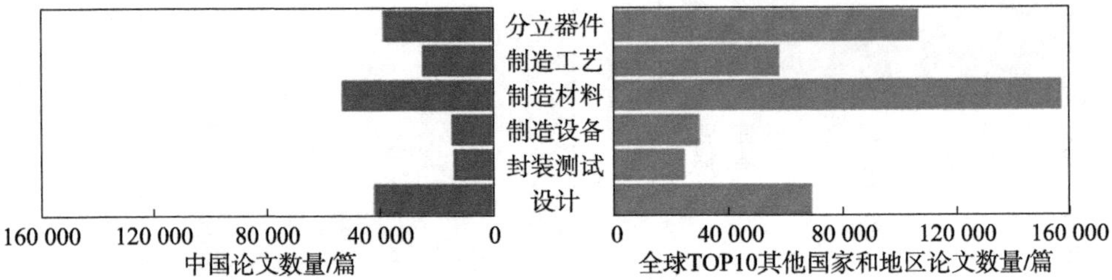

图 8-14 中国与全球 TOP10 其他国家和地区在产业链各环节上的论文数量差距

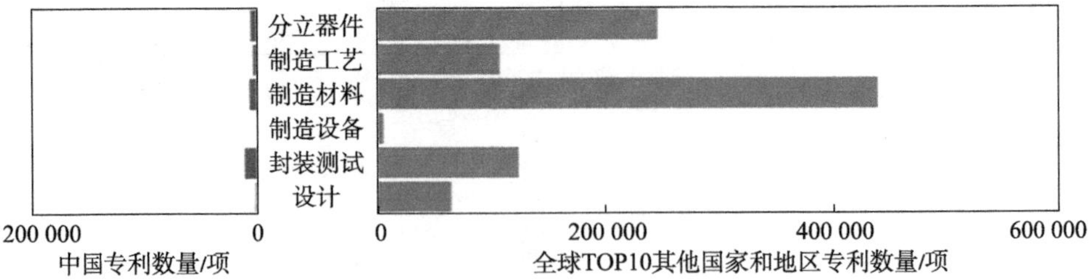

图 8-15 中国与全球 TOP10 其他国家和地区在产业链各环节上的专利数量差距

估。同时，与国际上集成电路产业发展较好的国家（美国、日本、韩国和德国）进行对比分析。

集成电路产业链包括分立器件、制造材料、制造设备、制造工艺、设计和封装测试六大环节。近年来，我国集成电路发展迅速，产业规模不断扩大，产业链不断完善，但与发达国家相比，总体上我国集成电路产业链的各个环节在国际竞争环境下仍缺乏竞争优势（图 8-16～图 8-20）。

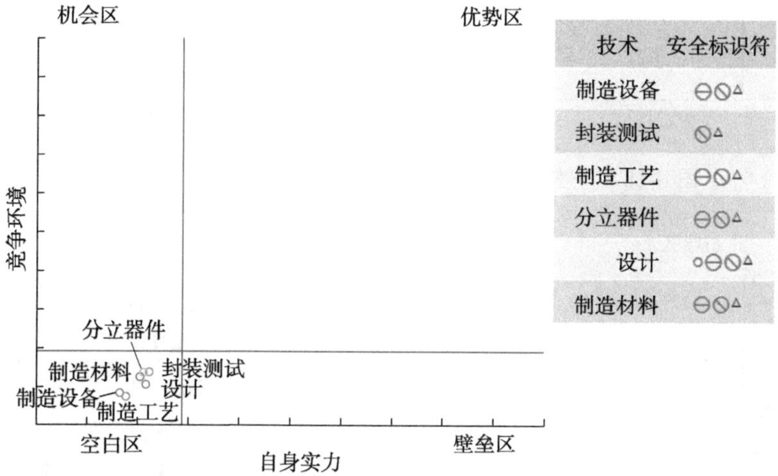

图 8-16　我国集成电路产业链安全象限评估及安全标识符

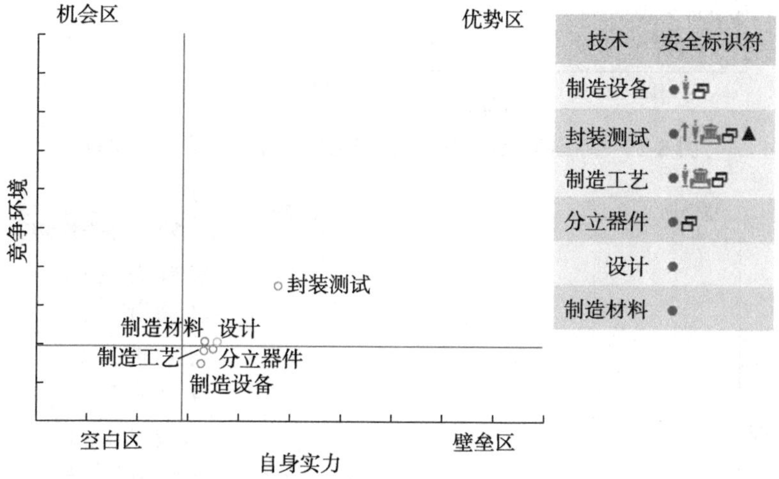

图 8-17　美国集成电路产业链安全象限评估及安全标识符

从整体看，我国的集成电路产业链各环节的技术竞争力与其他主要国家相比均处于竞争弱势，我国在分立器件、封装测试、制造材料和设计环节的竞争力稍好于制造设备和制造工艺环节。

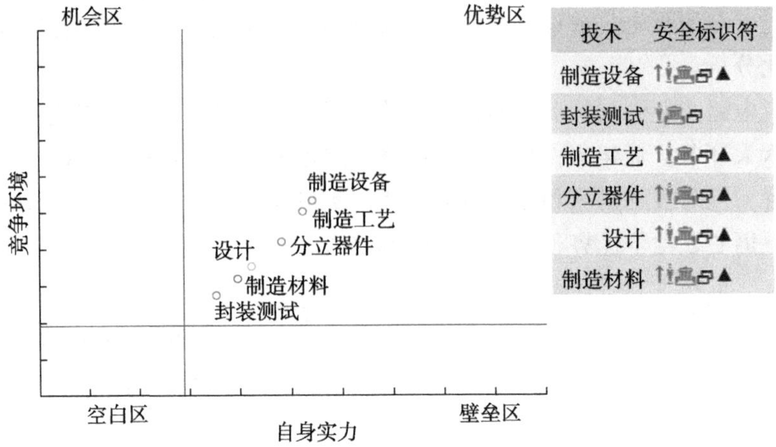

图 8-18 日本集成电路产业链安全象限评估及安全标识符

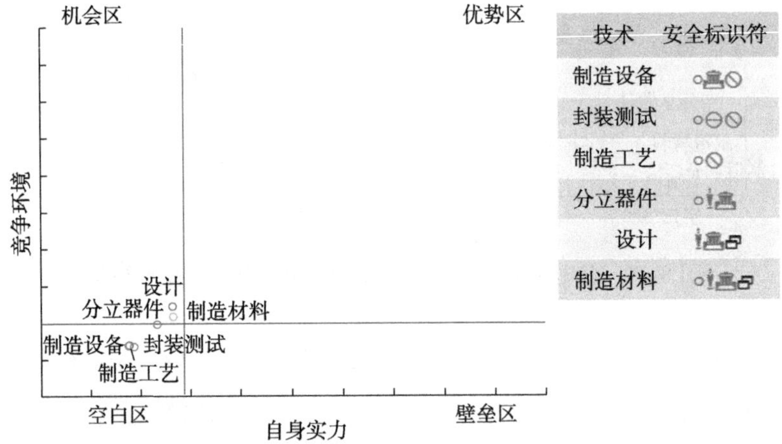

图 8-19 韩国集成电路产业链安全象限评估及安全标识符

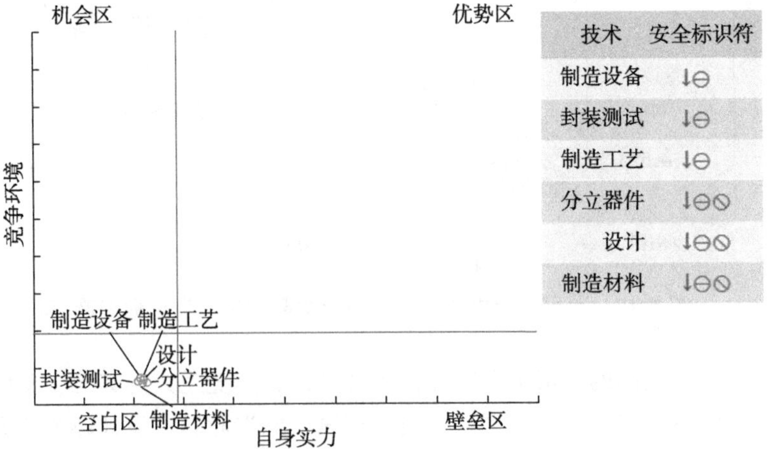

图 8-20 德国集成电路产业链安全象限评估及安全标识符

从整体看，在集成电路产业链各环节中，我国的半导体分立器件具有一定技术优势，但在制造材料、制造设备、制造工艺和封装测试等环节，我国不具备技术优势。半导体分立器件和集成电路设计两个领域我国的优势主要体现在研发人员和机构数量方面。

从国别比较看，日本的集成电路产业链发展最好，各个产业链环节均处于明显竞争优势地位。美国集成电路的各个产业链环节主要处于竞争优势区和壁垒区。美国和日本的情况均好于中国、韩国和德国，后三者的发展水平相当。可见，现阶段我国集成电路产业的发展仍须处理好与日本、美国的合作与竞争，特别需要关注美日两国联合实施对我国产业发展的牵制举措。

以下对集成电路产业中的分立器件、制造材料、设计、制造工艺、封装测试和制造设备等产业链环节的安全进行具体评估分析[①]。

1）集成电路分立器件

分立器件广泛应用于超大功率、高压等高性能场合。分立器件下游终端应用市场涵盖消费电子、计算机外设市场、网络通信、电子专用设备及仪器仪表、汽车电子、LED（light emitting diode，发光二极管）显示屏、LED 照明及新能源等多个方面。

我国的分立器件产业，受益于国内庞大的消费电子市场、超级计算和云计算等新基础设施建设的快速推进，在“门极关断晶闸管”等若干技术领域获得了技术积累，占据了一定程度的优势。但我国在分立器件领域整体上落后于日本和美国。图 8-21 为该产业链环节部分技术的安全评估情况。在分立器件领域的 90 项子技术中，各国有优势的技术数量分别为日本（74/90）>美国（73/90）>中国（17/90）>韩国（15/90）>德国（9/90）[②]；各国也存在相应的技术空白，美国（7/90）<日本（14/90）<韩国（54/90）<中国（66/90）<德国（67/90）。

2）集成电路制造材料

集成电路制造材料是集成电路产业链的重要支撑，按应用环节划分为晶圆制造材料和封装材料。从国别比较看，我国在集成电路制造材料环节落后于日本、美国和韩国。在制造材料环节的 6 项关键材料技术中，各国有优势的技术数量分别为美国（5/6）=日本（5/6）>韩国（1/6）>中国（0/6）=德国（0/6）；各国也存在相应的技术空白，美国（1/6）=日本（1/6）<韩国（3/6）<中国（5/6）<德国（6/6）。图 8-22 为该产业链环节部分技术的安全评估情况。本章重点关注该产业链环节中核心的晶圆制造材料，如硅片材料、第三代半导体材料、二硫化钼等。

---

① 受限于篇幅，本章各产业链环节仅列举部分风险节点。

② 本书第八至第十一章中，（*A*/*B*）中的 *A* 表示一国符合相应的评估象限的产业链环节的技术数量，*B* 表示该国该产业链环节的技术总数量。

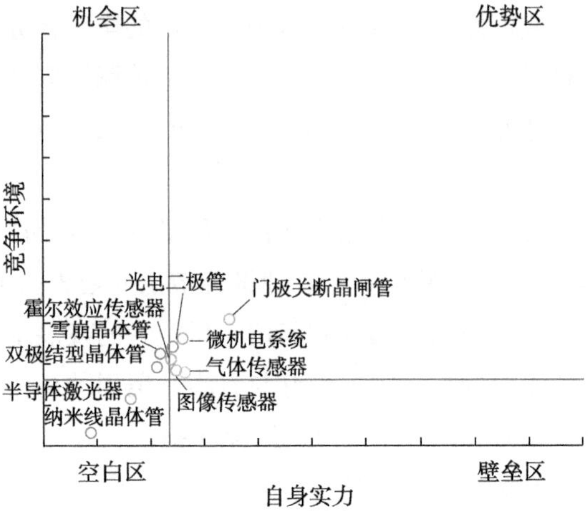
机会区
优势区
竞争环境
光电二极管
门极关断晶闸管
霍尔效应传感器
雪崩晶体管
微机电系统
双极结型晶体管
气体传感器
半导体激光器
图像传感器
纳米线晶体管
空白区
壁垒区
自身实力
(a) 中国

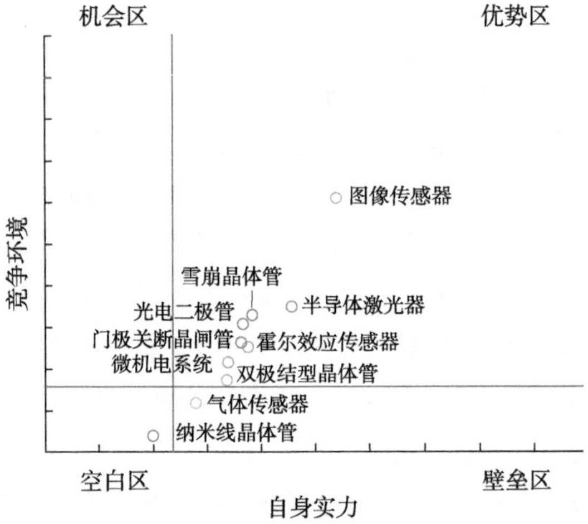
机会区
优势区
竞争环境
图像传感器
雪崩晶体管
光电二极管
半导体激光器
门极关断晶闸管
霍尔效应传感器
微机电系统
双极结型晶体管
气体传感器
纳米线晶体管
空白区
壁垒区
自身实力
(b) 美国

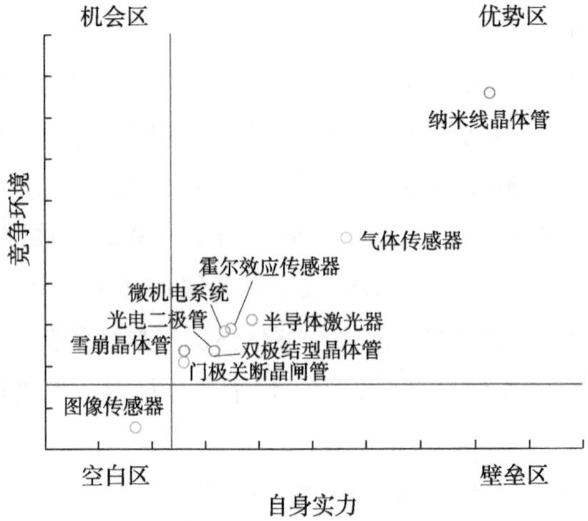
机会区
优势区
竞争环境
纳米线晶体管
气体传感器
霍尔效应传感器
微机电系统
光电二极管
半导体激光器
雪崩晶体管
双极结型晶体管
门极关断晶闸管
图像传感器
空白区
壁垒区
自身实力
(c) 日本

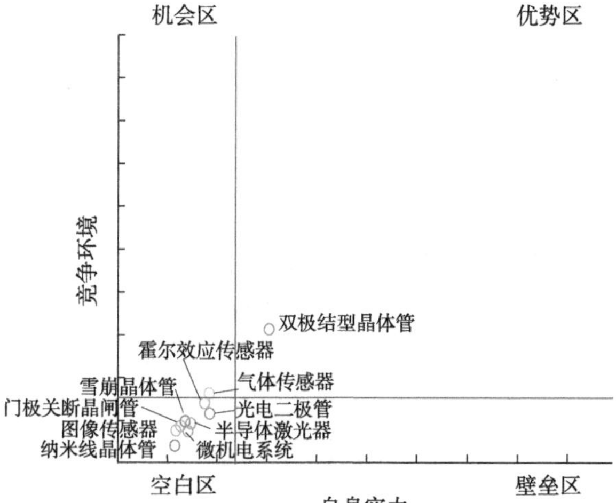

(d) 韩国

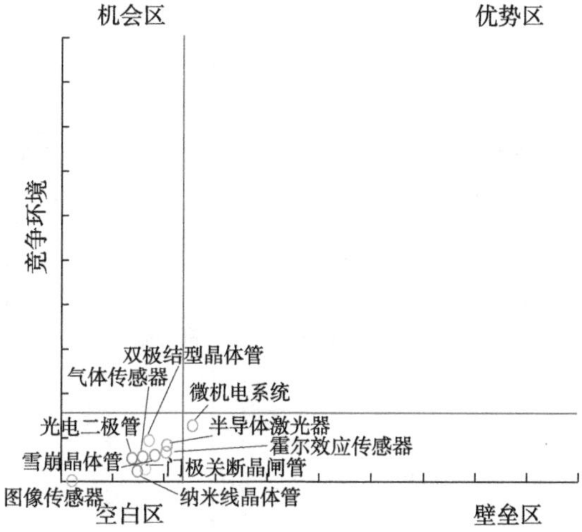

(e) 德国

图 8-21　各国集成电路分立器件的产业链安全象限评估

3）集成电路设计

集成电路的芯片设计是高度技术密集的产业。集成电路的芯片设计分为专用芯片设计（如模拟芯片、处理器芯片、逻辑芯片、存储芯片等）和芯片的仿真设计。近年来，国内智能手机、计算机、消费类电子等消费市场呈现爆发式增长，为我国集成电路设计实现从无到有提供了环境，也为我国未来由弱到强的发展提供了机遇。

我国集成电路的芯片设计环节中“静态随机存储器”等设计技术有优势，但大部分技术仍处于空白区，特别是 EDA 相关的技术如“IP 核”“高级综合”“电

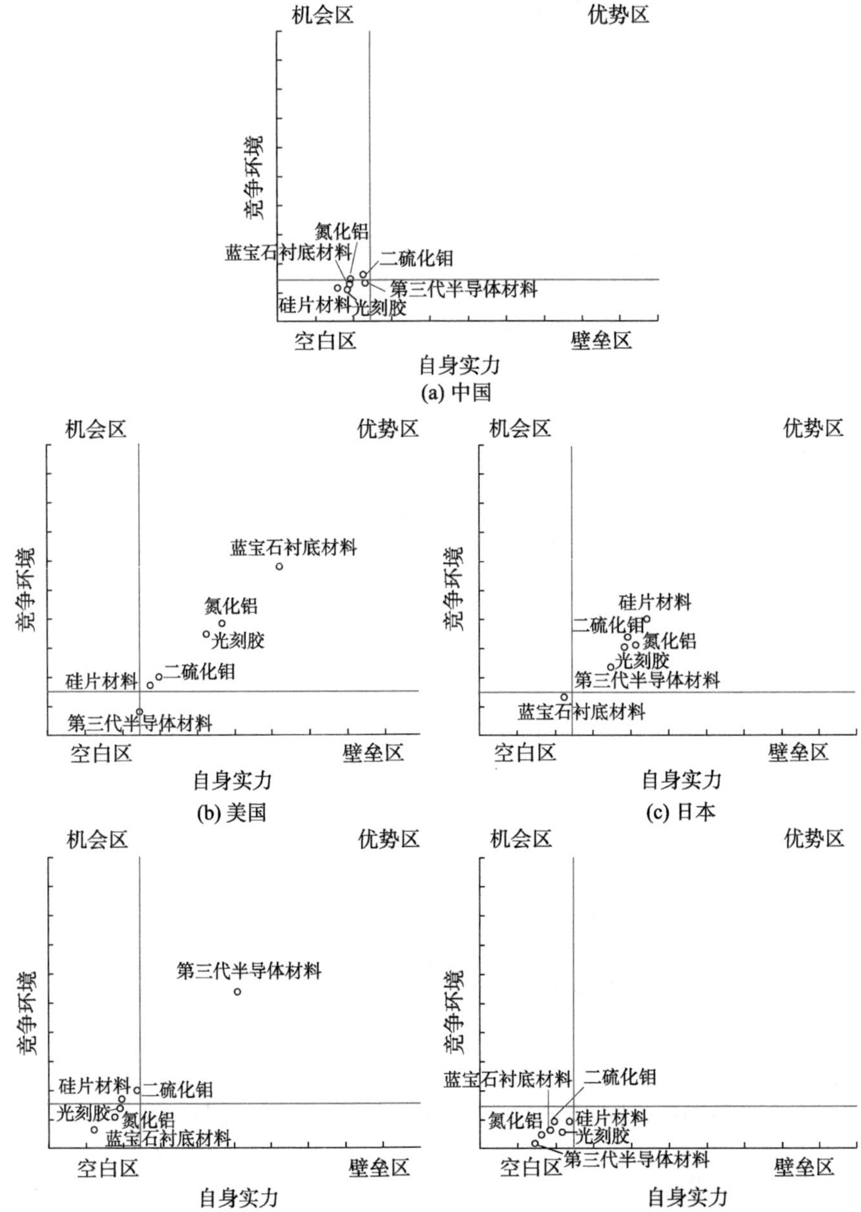

图 8-22 各国集成电路制造材料环节的产业链安全象限评估

子电路仿真”等方面处于“卡脖子”的状态。图 8-23 为该产业链环节部分技术的安全评估情况。从国别比较看，我国在集成电路设计环节整体落后于日本、美国和韩国。在集成电路设计的 90 项子技术中，各国有优势的技术数量分别为美国（68/90）>日本（52/90）>中国（11/90）>韩国（10/90）>德国（1/90）；各国也存

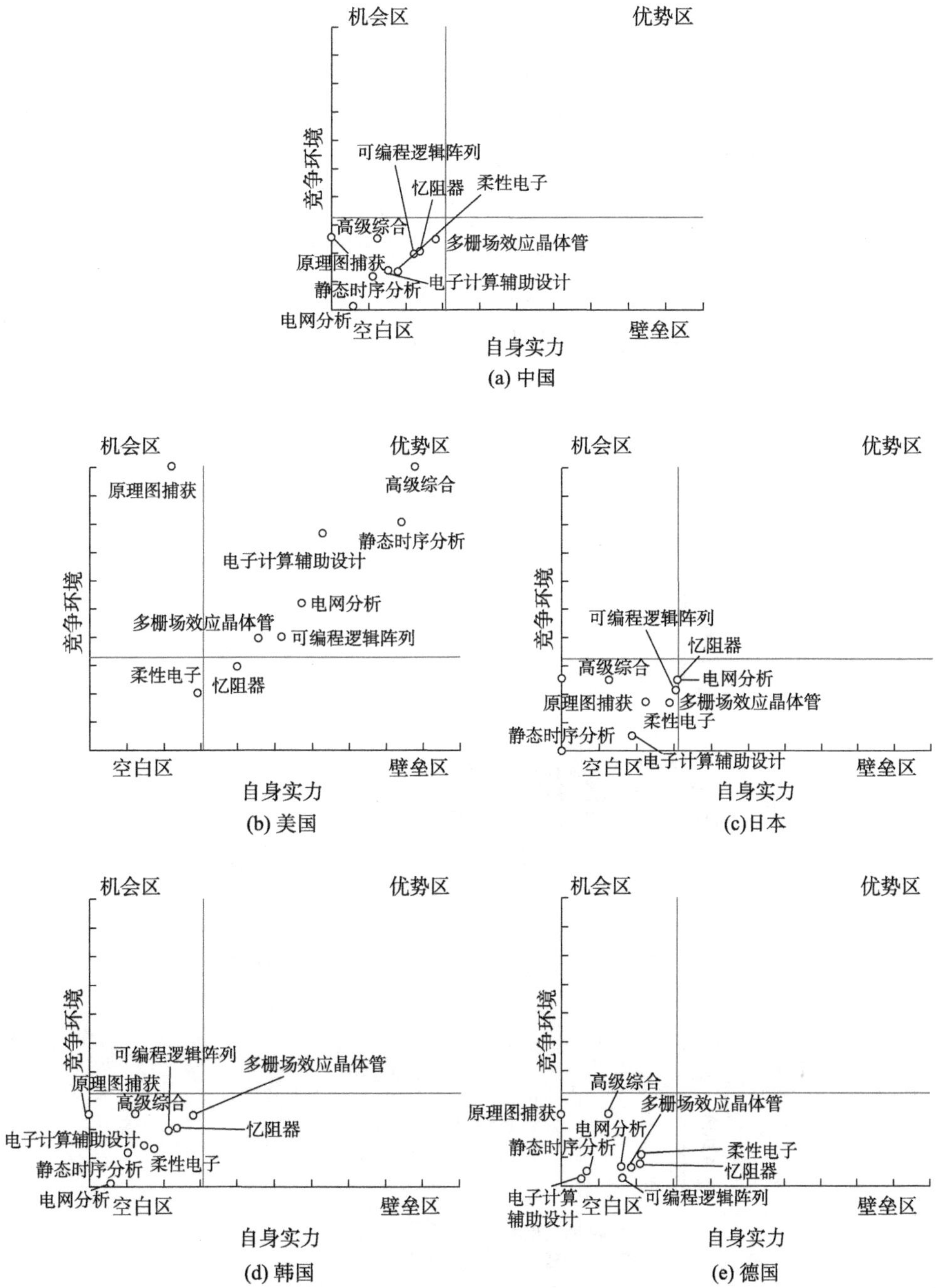

图 8-23 各国集成电路设计环节的产业链安全象限评估

在相应的技术空白，美国（11/90）<日本（27/90）<中国（63/90）<韩国（66/90）<德国（74/90）。

4）集成电路制造工艺

集成电路制造工艺处于产业链的中游环节，制造的技术及规模强弱，决定了整个集成电路产业链的强弱。目前我国集成电路的制造工艺技术相对薄弱，我国集成电路的芯片制造环节中的大部分技术仍处于技术空白区，明显落后于日本、美国和韩国。图 8-24 为该产业链环节部分技术的安全评估情况。从国别看，在制造环节的 18 项主要技术中，各国的优势技术数量分别为美国（16/18）>日本（14/18）>韩国（2/18）>中国（0/18）=德国（0/18）；除美国外，其他各国均存在部分技术空白的情况，各国在制造工艺环节整体情况为美国（0/18）<日本（3/18）<韩国（11/18）<德国（13/18）<中国（15/18）。

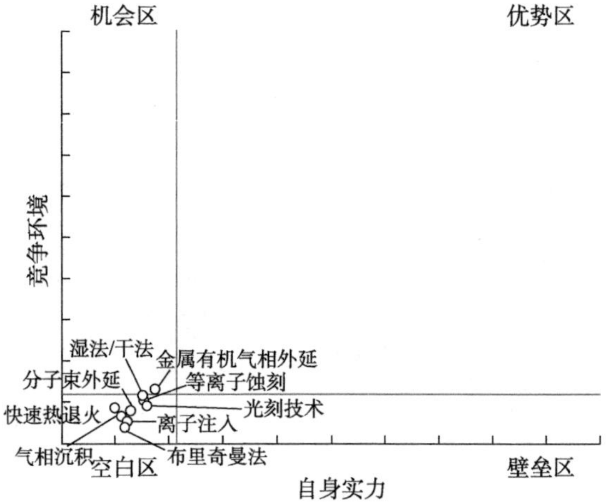

(a) 中国

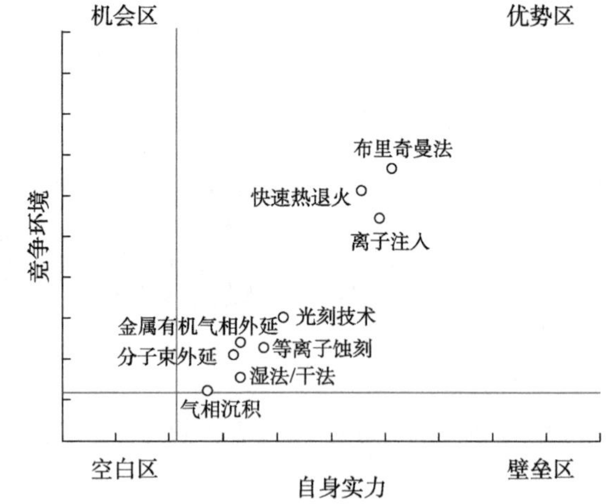

(b) 美国

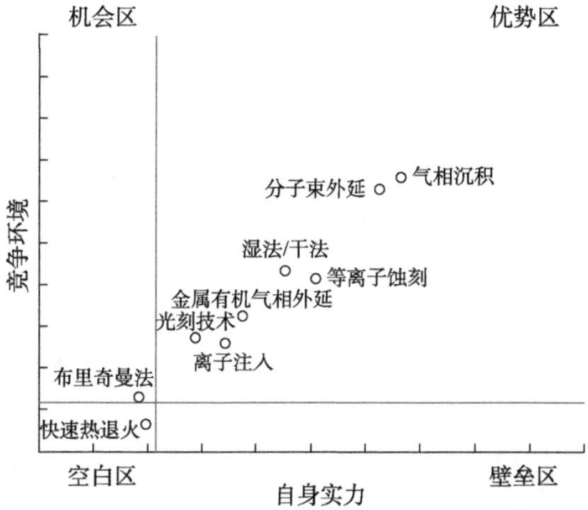

(c) 日本

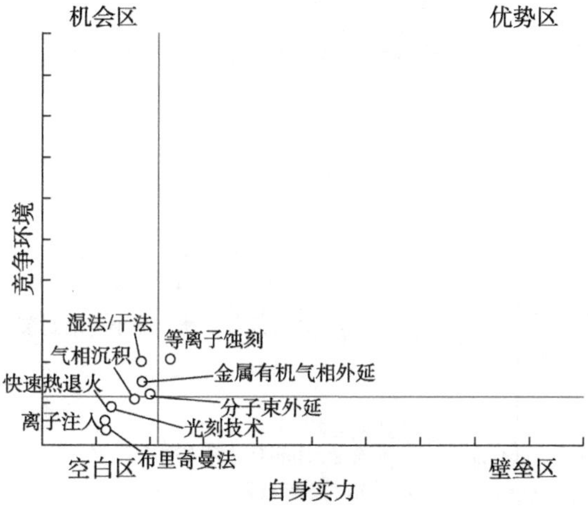

(d) 韩国

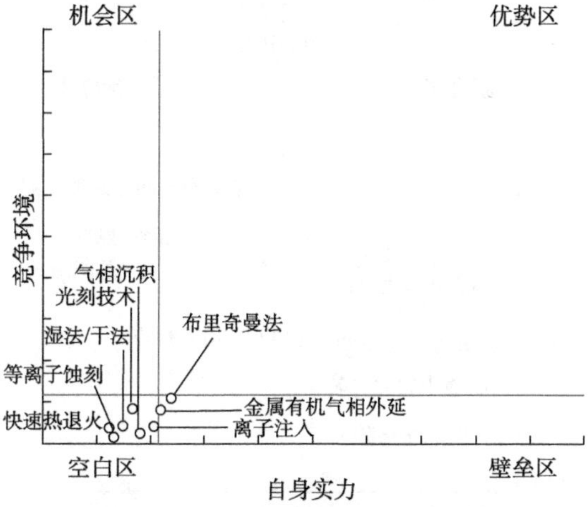

(e) 德国

图 8-24　各国集成电路制造工艺环节的产业链安全象限评估

5）集成电路封装测试

芯片封装是利用膜技术及微细加工技术，将芯片及其他要素在框架或基板上布置、粘贴固定及连接，引出接线端子并通过可塑性绝缘介质灌封固定、构成整体结构的工艺。常见的封装技术有 DIP（dual in-line package，双列直插式封装）、QFP/PFP（quad flat package/plastic flat package，扁平式封装）、PGA（pin grid array，插针阵列封装）及 BGA（ball grid array，球栅阵列封装）等。

集成电路的封装测试是我国集成电路产业链的优势环节之一。我国的“裸露的薄型四方扁平封装”（扁平式封装）等部分核心技术在国际竞争格局中有一定的优势，但球栅阵列封装技术处于技术空白区。从国别比较看，我国在集成电路的封装测试技术领域，还落后于日本和美国。图 8-25 为该产业链环节部分技术的安全评估情况。在封装测试的 75 项技术中，各国的优势技术数量分别为美国（57/75）>日本（39/75）>中国（13/75）>韩国（6/75）>德国（5/75）；各国也存在相应的技术空白，美国（9/75）<日本（30/75）<韩国（48/75）<中国（55/75）<德国（63/75）。

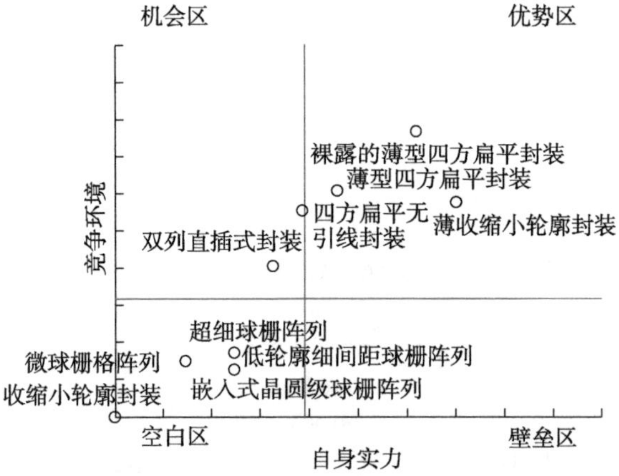

(a) 中国

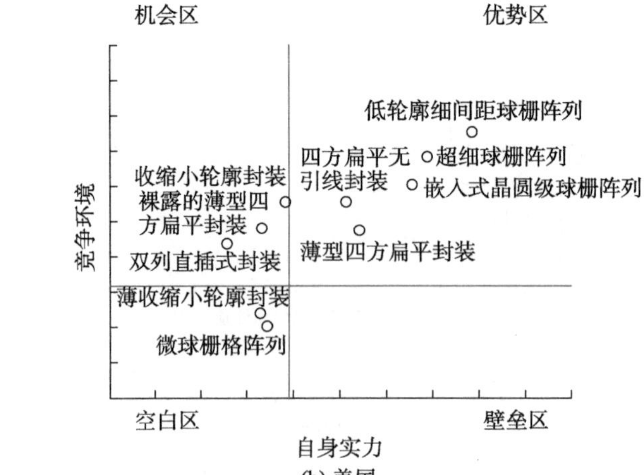

(b) 美国

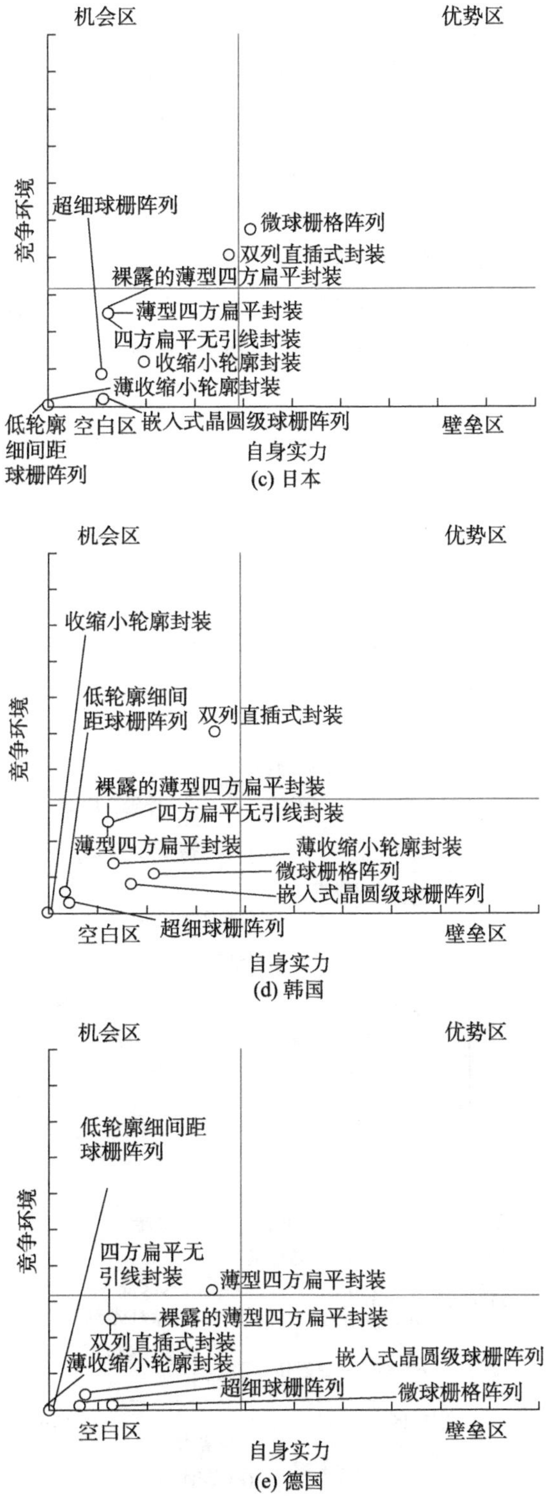

图 8-25　各国集成电路封装测试环节的产业链安全象限评估

6）集成电路制造设备

集成电路制造设备是我国集成电路产业链的薄弱环节之一。虽然我国主流晶圆厂正在持续推进设备国产化，但总体水平仍然比较落后（图 8-26），做大做强国产半导体设备还任重道远。从国别比较看，我国在集成电路制造设备方面远远落后于日本、美国、韩国和德国。图 8-26 为该产业链环节部分技术的安全评估情况。在集成电路设备的 25 项主要技术中，各国的优势技术数量分别为日本（23/25）>美国（16/25）>韩国（7/25）>德国（5/25）>中国（1/25）；各国也存在相应的技术空白，日本（1/25）<美国（4/25）<韩国（11/25）<德国（16/25）<中国（21/25）。

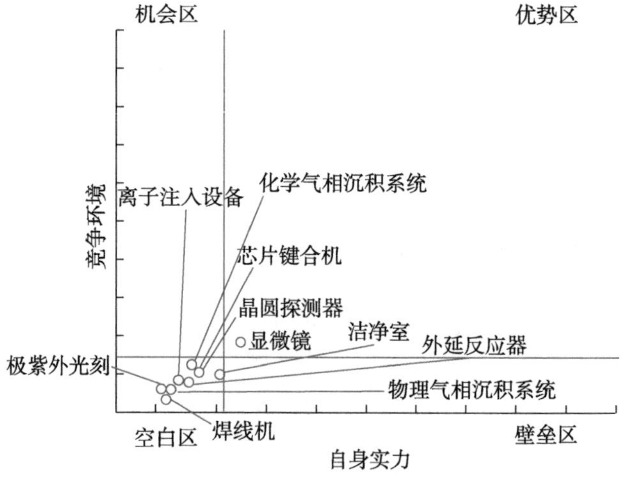

(a) 中国

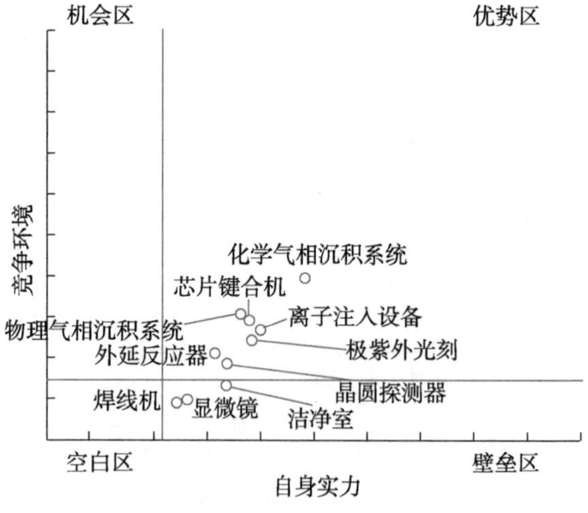

(b) 美国

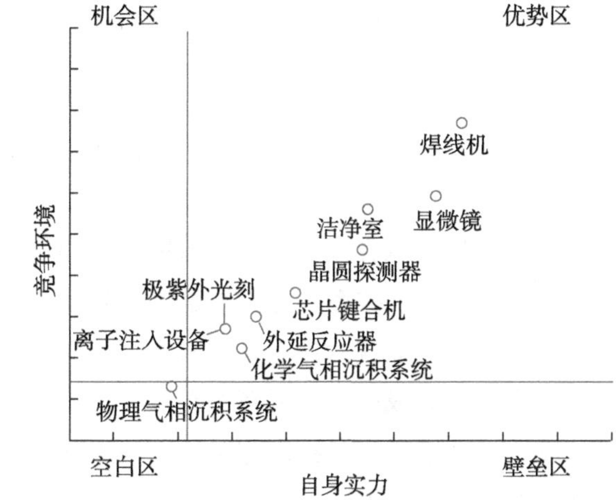

(c) 日本

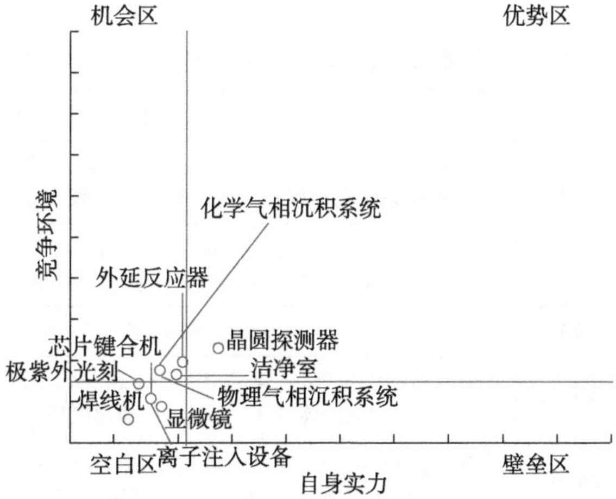

(d) 韩国

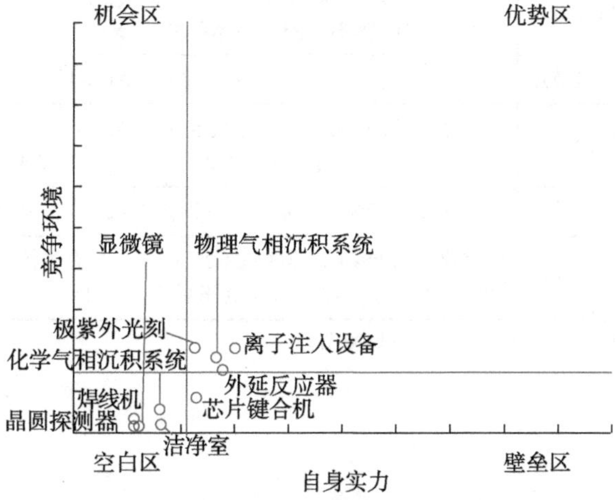

(e) 德国

图 8-26　各国集成电路制造设备环节的产业链安全象限评估

2. 内循环视角下我国集成电路产业链安全评价

随着我国市场对外国资本的开放，外资企业和研发机构等创新主体在我国布局了生产基地和区域研发中心等分支机构，并通过知识产权保护的形式抢占我国市场。在内循环的大格局下，这些外资企业通过技术保护，在一定程度上对我国内资的技术创新形成抑制态势，也会成为我国产业链发展的堵点。我国创新主体对国内集成电路技术市场的自主掌控率不足50%的中风险产业技术点有150个，自主掌控率不足10%的高风险产业技术点有23个，部分风险节点如表8-2所示。从国内的专利申请布局来看，集成电路材料环节相对较为安全。这一点与外循环视角下的分析结果相反，说明了我国的技术储备还未在国际市场上形成竞争力，需进一步强化技术创新的国际竞争力。

表8-2 内循环的大格局下我国集成电路产业链安全

产业链环节	风险类型	部分产业技术（国内专利占比）
设计	高风险节点	微处理器（0.0%），原理图捕获（0.0%），高级综合（0.0%），同步动态随机存取存储器（0.0%），张量处理单元（0.0%）
	中风险节点	电网分析（20.0%），电子电路仿真（17.6%），等离子显示器（14.0%），微控制器（11.1%），中央处理器（10.5%）
分立器件	高风险节点	无线传感器节点（8.8%）
	中风险节点	惯性传感器（16.7%），环境传感器（14.3%），颜色传感器（13.3%），纳米线晶体管（12.5%），加速度传感器（11.4%）
封装测试	高风险节点	四排封装（0.0%），收缩小轮廓封装（0.0%），单列封装（0.0%），小外形无铅封装（0.0%），玻璃密封陶瓷双列封装（0.0%）
	中风险节点	含铅陶瓷芯片载体（23.1%），可焊性测试（22.6%），有机引脚网格阵列（16.7%），陶瓷球栅阵列（15.4%），电气测试（13.3%）
制造工艺	高风险节点	注塑成型（0.0%）
	中风险节点	离子注入（30.0%），快速热退火（27.5%），旋涂（23.2%），布里奇曼法（20.0%），溅镀（15.4%）
制造设备	高风险节点	磨床（8.8%），晶圆制造设备（8.3%），成型设备（7.3%）
	中风险节点	质谱仪（25.0%），焊线机（22.5%），等离子体增强化学气相沉积系统（19.4%），物理气相沉积系统（19.4%），氧化系统（13.6%）

注：受限于篇幅，本表格仅列举部分风险节点

3. 小结

在外循环视角下，我国集成电路产业链的安全情况为：集成电路产业高风险

技术点占比为 77.1%（美国为 11.0%，日本为 26.0%），高风险技术点主要分布在集成电路制造材料环节和集成电路制造设备环节，是产业链补链的攻坚点。我国的分立器件和集成电路的封装测试环节相对发展较好，但仍待进一步提升技术创新，强化产业链基底。

在内循环的大格局下，外资企业在我国布局的技术知识产权保护，可能成为国内产业链发展的堵点。在内循环格局中，集成电路产业的中风险点共有 150 个，高风险点 23 个，主要集中在封装测试和设计环节，建议国内创新企业尽快加强知识产权保护。

四、我国集成电路产业链安全的分析结论与建议

（1）我国集成电路产业外循环发展视角需加强材料和设备环节的技术和合作储备，内循环视角应警惕外资公司在国内的技术知识产权保护战略。我国的分立器件和集成电路的封装测试环节相对发展较好，但仍待进一步提升技术创新，强化产业链基底。高风险技术点主要分布在集成电路制造材料环节和集成电路制造设备环节，是产业链补链的攻坚点。在内循环的大格局下，需警惕各产业环节的高质量专利技术被外资企业把控。

（2）推动新兴技术的研究，以新技术为契机寻求提升产业链韧性。当前，我国集成电路产业链各环节发展不均衡，制造工艺、制造设备环节风险较高。在产业知识图谱的技术节点中，我国在门极关断晶闸管、静态随机存储器等技术方面有技术优势，IP 核等技术方向风险较高。产业链的全盘“本土化”不可能一朝一夕实现，更多地应在新技术的发展中寻求机会，提升产业链的拓展韧性。

（3）打通科研成果转化路径，发挥新型举国体制优势，加强科技创新和技术攻关。虽然我国在部分技术节点，如碳纳米管场效应晶体管等技术方向上风险较高，但是从基础研发来看，我国相关科研院所是有技术储备的。因此，加快加强科研成果转化，形成创新生态的良性循环是提升产业链水平的重要途径。良性产业生态也能减少重复建设和低效竞争，形成总体完善的技术优势布局。

（4）系统合理地配置产业资金和政策的扶持，避免园区间的同质化竞争和对财政支持的过度依赖。对比美国、日本的技术寡头，我国的企业创新主体呈现分散化、技术弱的特点。尽管此前我国出台了一系列的扶持政策和支持，但是我国离形成安全可控的集成电路产业技术链的攻坚任务仍很艰巨。进一步优化各地方高新技术园的集成电路产业集群规划，提升政府投资基金的绩效，是下一步优化资源配置，建立安全韧性的产业链的关键。

参考文献

高青松，刘惠玲. 2020. 全球供应链深度互嵌下芯片产业关键节点的产业链安全研究[J]. 经济论坛, (3):11-21.

王晓红，郭霞. 2020. 新冠疫情后我国产业链外移及产业链竞争力研究——以集成电路产业链为例[J]. 国际贸易, (11):18-27.

张惠泉，赵建忠，严晓浪. 2005. 我国半导体产业现状及对新一轮发展的思考[J]. 中国集成电路, (5):3-18.

张立. 2020. 集成电路产业趋势展望[J]. 软件和集成电路, (10):10-11.

张腾飞，蔡戬，王卫东，等. 2019. 半导体集成电路行业供应链研究与发展展望[J]. 科学技术创新, (3):195-196.

张云涛，陈家宽，温浩宇. 2021. 中国集成电路制造供应链脆弱性研究[J]. 世界科技研究与发展, 43(3):356-366.

第九章

我国新能源汽车产业链安全评价

一、新能源汽车产业知识图谱

当前能源危机迫在眉睫，环境问题日益突出。在我国“双碳”战略目标的部署下，新能源汽车迎来了前所未有的爆发式增长。在新能源技术的加持下，传统的汽车产业链迎来了重构和产业转型升级。新能源汽车产业包括充电技术、混合动力系统、燃料电池技术、动力电池系统、驱动电机系统、整车控制、汽车电子（表 9-1），其中，充电技术与动力电池系统是纯电动汽车的关键技术分支，混合动力系统是混合动力汽车的关键技术分支，燃料电池技术中的车载储氢设备、燃料电池材料及制造和燃料电池运行管理是燃料电池汽车的关键技术，驱动电机系统、整车控制、汽车电子是新能源汽车通用技术。

表 9-1　新能源汽车产业链技术层级体系

二级技术	三级技术数量/个	三级技术示例	四级技术数量/个	四级技术示例	五级技术数量/个	五级技术示例	六级技术数量/个	六级技术示例
充电技术	2	无线充电	7	发射器	—	—	—	—
混合动力系统	2	动力系统控制	7	离合控制	6	电磁控制	—	—
燃料电池技术	4	储氢设备	21	膜电极技术	8	隔膜	—	—
动力电池系统	2	动力电池包管理	10	动力电池回收	18	拆解回收	2	镍钴锰
驱动电机系统	5	冷却系统	4	电机驱动器控制	—	—	—	—
整车控制	6	能量管理控制	2	能耗优化	9	热交换器	1	传动系统
汽车电子	3	雷达	—	—	—	—	—	—

在新能源汽车产业链技术层级的基础上，将新能源汽车产业相关的专利数据映射到新能源汽车产业技术层级体系，通过抽取论文和专利的作者、机构等元数据，构建“产业技术-论文-专利-作者-发明人-机构-国家”等实体关联的新能源汽车产业知识图谱。

二、双循环发展格局下我国新能源汽车产业链安全评价

1. 外循环视角下我国新能源汽车产业链安全评价

在我国科技战略的大力部署和发展下，我国新能源汽车产业在全球竞争格局中总体处于稳中向好的总态势，但是仍存在产业发展不均衡，两极分化现象严重。

新能源汽车产业链的整体安全评估及建议如下。一是整车控制、充电技术、驱动电机系统和汽车电子是我国的优势强项，是培育产业龙头的重点方向。建议政策和资本更精准地导向具备核心技术的企业，并提高行业标准门槛，避免出现“劣币驱逐良币”的商业竞争格局。二是在动力电池系统、混合动力系统和燃料电池技术三大核心新能源技术环节，我国研发基底薄弱，基本处于技术空白的阶段。建议通过政策引导创新企业以产学研的形式参与到技术创新研发中，加快从技术创新到量产的进程。三是在新能源汽车产业的大国竞争格局中，日本的实力最强，在各产业链环节都具备全球竞争优势。美国产业优劣势方向正好与我国情况倒置。中国、美国、日本三国与第二梯队的韩国和德国拉开了一个层次，形成了中国、美国、日本三足鼎立竞争的格局（图 9-1～图 9-5）。

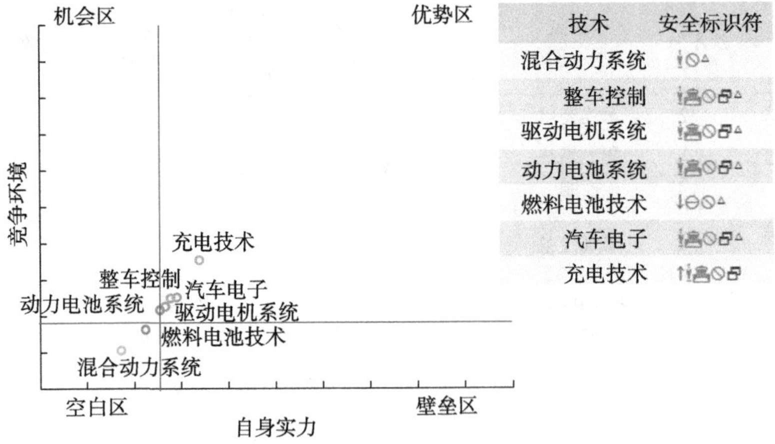

图 9-1　我国新能源汽车产业链安全象限评估及安全标识符

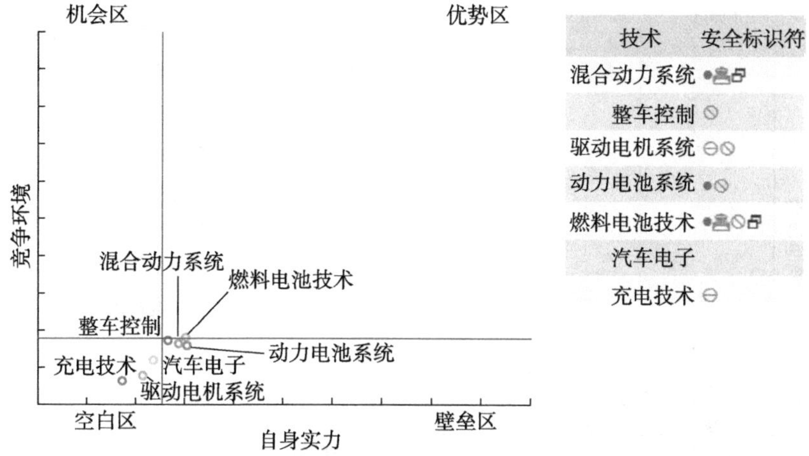

图 9-2 美国新能源汽车产业链安全象限评估及安全标识符

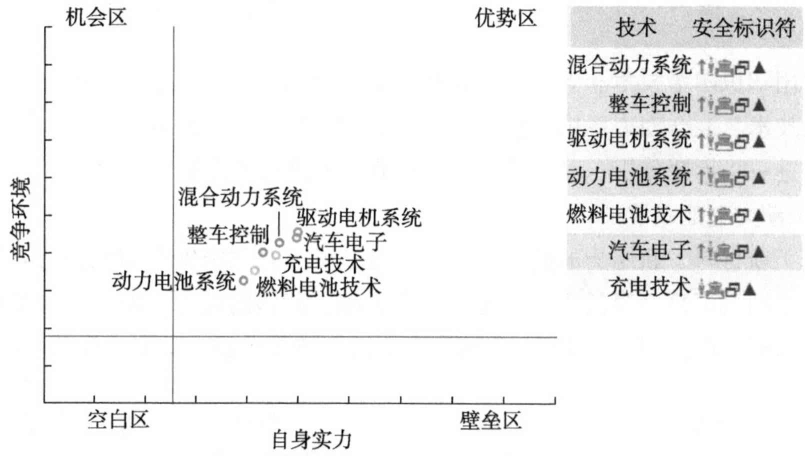

图 9-3 日本新能源汽车产业链安全象限评估及安全标识符

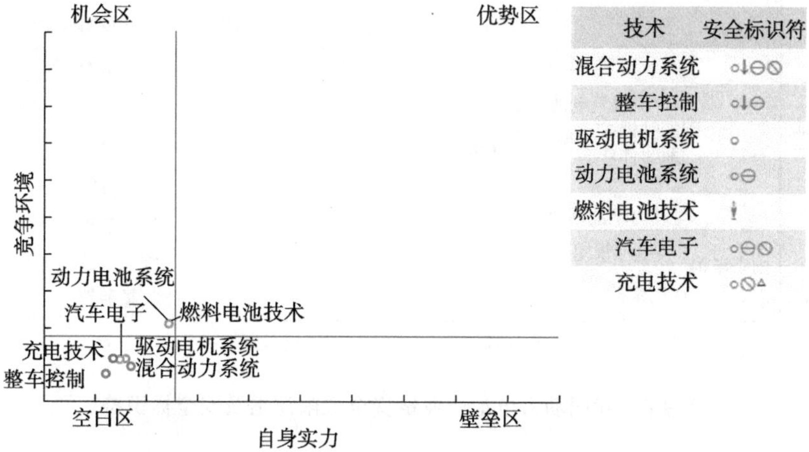

图 9-4 韩国新能源汽车产业链安全象限评估及安全标识符

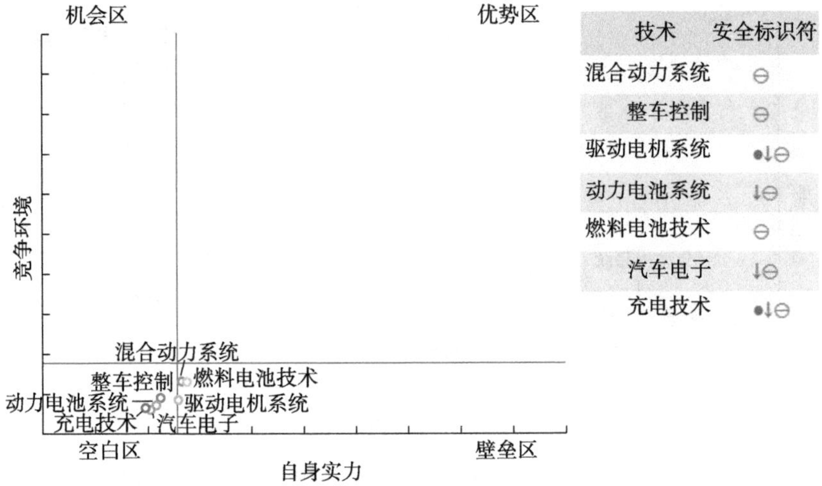

图 9-5　德国新能源汽车产业链安全象限评估及安全标识符

利用知识图谱技术和大数据分析技术对新能源汽车产业中动力电池系统、燃料电池技术、混合动力系统、整车控制、驱动电机系统、充电技术、汽车电子产业分支进一步拆解分析，以下分别对各产业环节进行产业链安全评估[①]。

1）动力电池系统

基于新材料、新结构的高比能动力电池技术，是国家安全和大公司竞争的焦点。纯电动汽车是我国的主要新能源汽车类型，我国的动力电池产业主要集中在机会区和空白区。图 9-6 和图 9-7 为该产业链环节部分技术的安全评估情况。

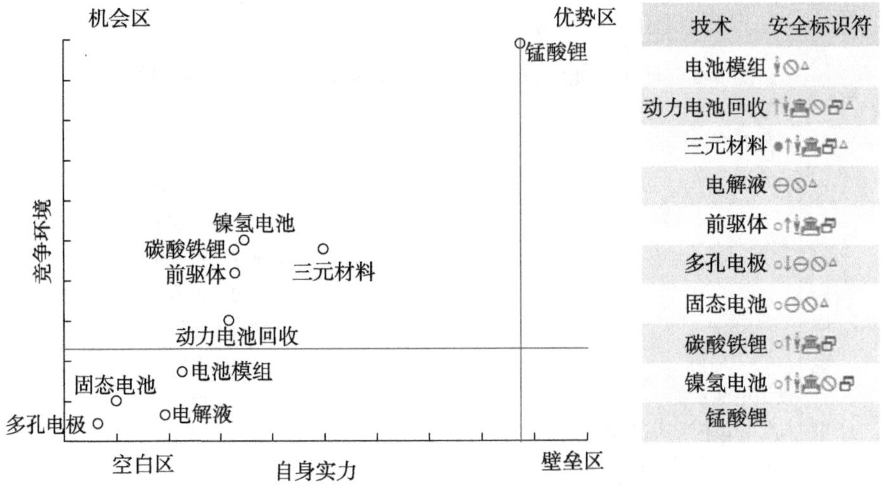

图 9-6　我国动力电池产业链安全象限评估及安全标识符

① 受限于篇幅，本章各产业链环节仅列举部分风险节点。

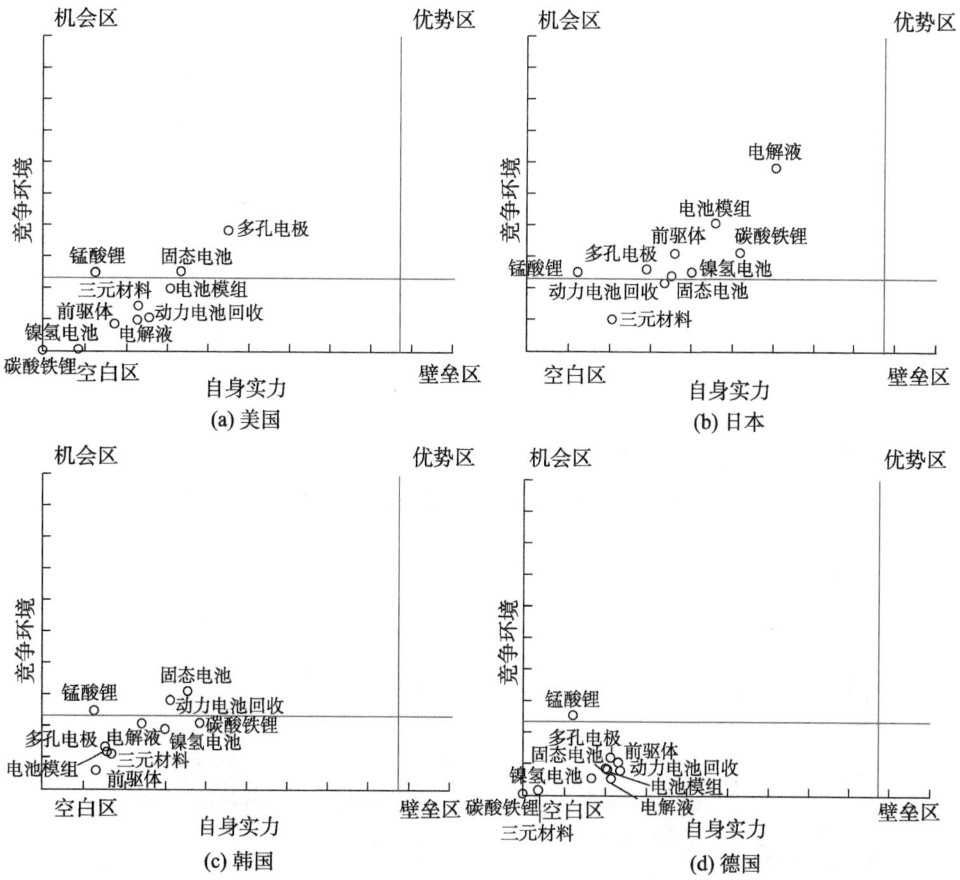

图 9-7　其他国家动力电池产业链安全象限评估

（1）锰酸锂技术是我国最具优势的技术。国内宁德时代等一批锂电池龙头企业研发优势显现。建议进一步强化上下游产业链薄弱环节和激发鼓励龙头企业的持续研发。

（2）我国在三元材料等技术方面机会较大，在固态电池、电解液等方面处于“卡脖子”的状态。建议政府投资基金进一步完善合理布局和统筹规划，重点扶持处于机会区的产业项目，对于研发难度较大的“卡脖子”技术，建立产官研用的研发联盟。

（3）整体上，在动力电池产业的大国竞争格局中，我国不弱于美国和日本。但是，我国的技术空白正好是在美国和日本的技术机会区，需警惕美国和日本技术的进一步发展对我国造成“卡脖子”的可能性。

2）燃料电池技术

燃料电池以氢燃料为主，氢燃料的供应是一个复杂的系统性工作。我国在燃料电池领域的技术实力不强，大部分处于技术空白的状态。图 9-8 和图 9-9 为该产业链环节部分技术的安全评估情况。

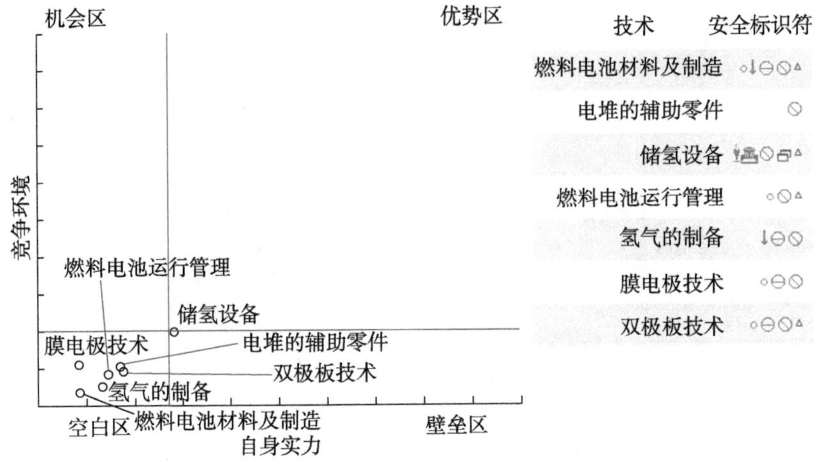

图 9-8 我国燃料电池产业链安全象限评估及安全标识符

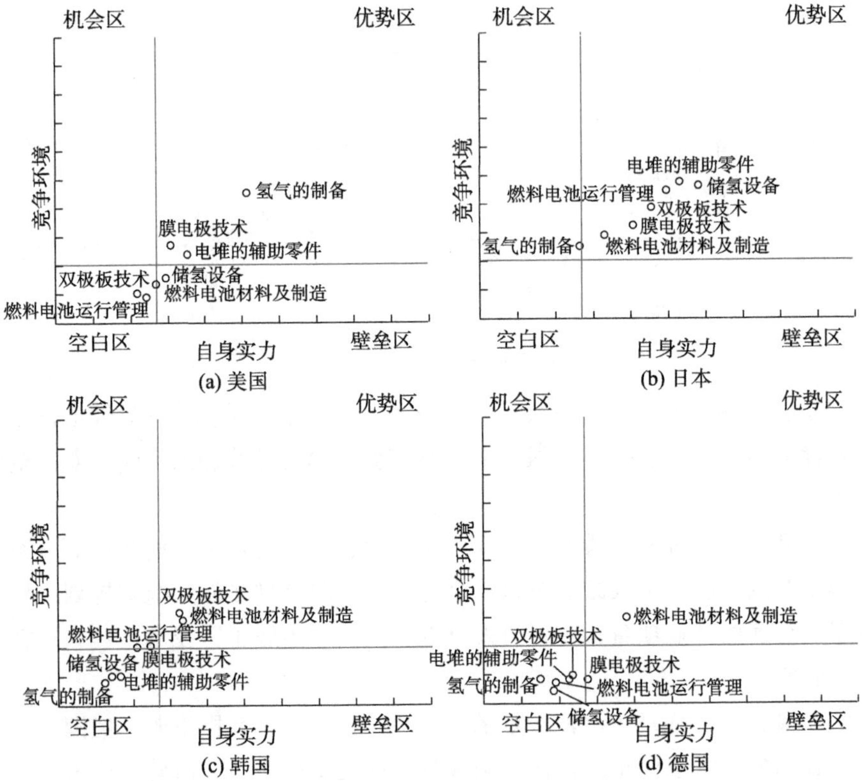

图 9-9 其他国家燃料电池产业链安全象限评估

（1）我国仅在储氢设备技术领域相对有一定的技术实力，但是在全球激烈的竞争中，面临发展壁垒。然而在膜电极技术、氢气的制备等关键核心技术方面，我国基本处于技术空白区。

（2）整体上，在燃料电池产业的大国竞争格局中，我国整体处于高风险的状态，技术优势被美国和日本把控。特别是日本，其各产业技术环节都处于优势区，美国的技术优势是氢气的制备、膜电极技术和电堆的辅助零件。我国燃料电池产业应积极谋划应对，加大产业创新研发，寻求突破。

3）混合动力系统

混合动力系统集成了发动机、变速箱、电池等一系列复杂的技术。我国混合动力产业技术呈现两极分化。图 9-10 和图 9-11 为该产业链环节部分技术的安全评估情况。

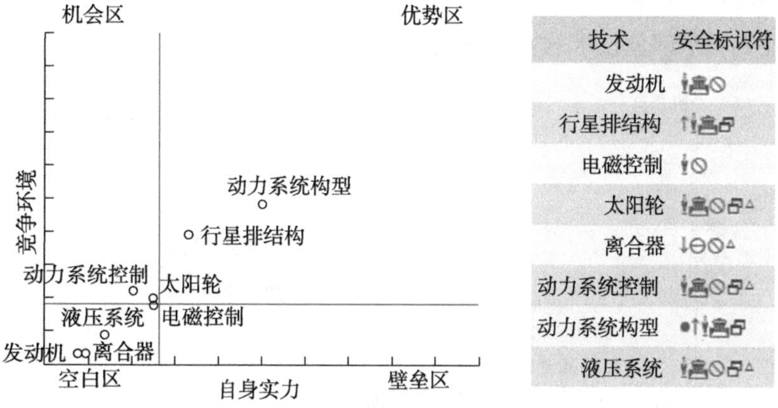

图 9-10　我国混合动力产业链安全象限评估及安全标识符

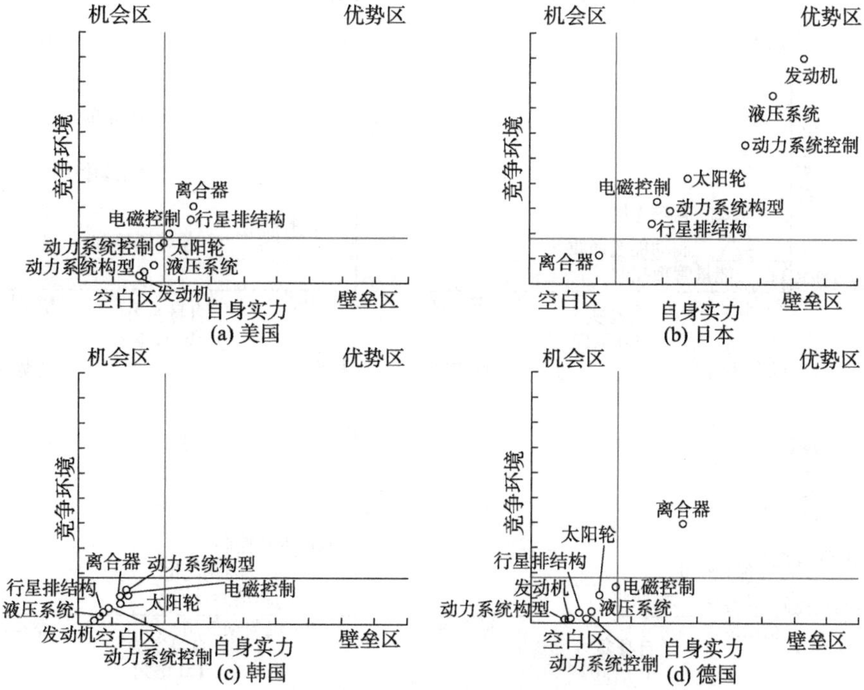

图 9-11　其他国家混合动力产业链安全象限评估

（1）我国的行星排结构和动力系统构型技术具有优势。但液压系统、离合器、发动机等技术仍然处于空白区。建议在技术空白点重点布局项目和资金。

（2）整体上，在混合动力产业的大国竞争格局中，日本处于第一梯度，我国、美国和德国处于第二梯队。值得关注的是，美国的部分技术优势是我国的技术空白，需要警惕美国对我国的技术牵制。德国也掌握了我国的部分空白技术，可以考虑联合研发。

4）整车控制

我国的整车控制技术是新能源汽车产业中的优势技术方向。图 9-12 和图 9-13 为该产业链环节部分技术的安全评估情况。

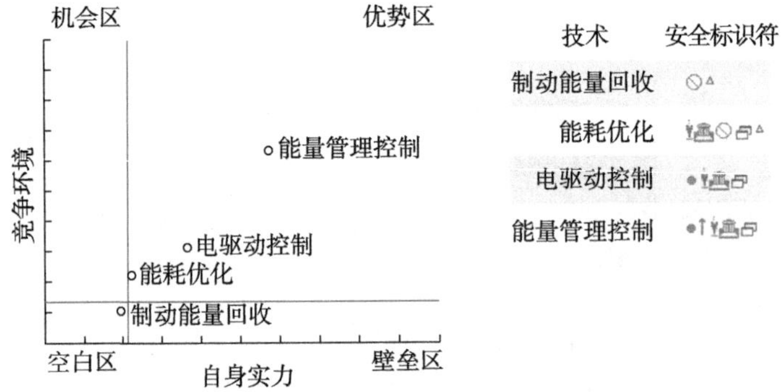

图 9-12　我国整车控制产业链安全象限评估及安全标识符

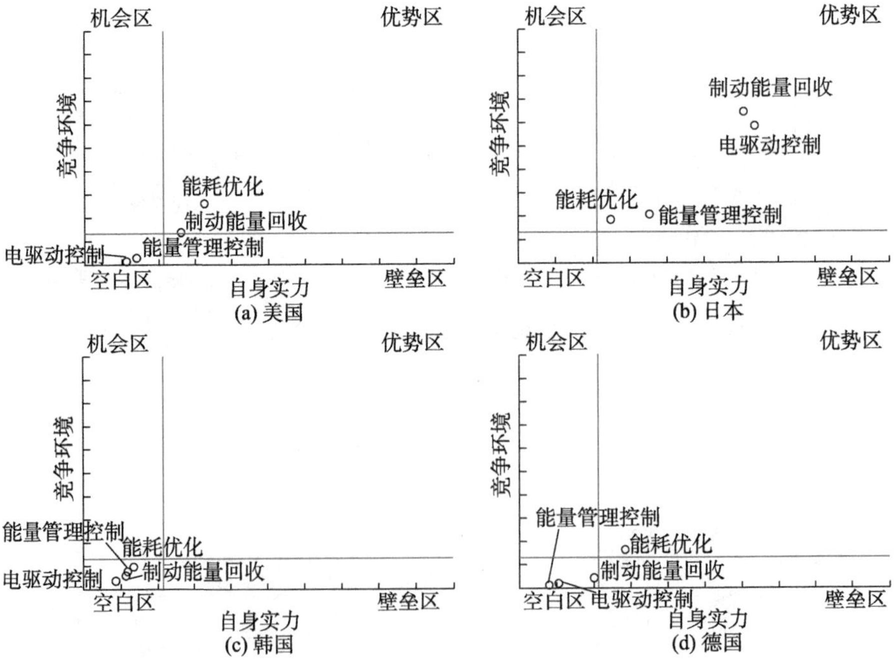

图 9-13　其他国家整车控制产业链安全象限评估

（1）我国整车控制技术总体安全可控，在国际竞争格局中，我国整车控制的大部分核心技术都具备竞争优势。建议围绕龙头企业和独角兽企业，配套自主可控的产业生态。制动能量回收是唯一处于空白区的技术，建议加大研发投入。

（2）整体上，在整车控制技术的大国竞争格局中，我国与日本已形成第一梯队的技术强国。日本没有技术空白的短板，我国的优势待进一步加强。

5）驱动电机系统

我国驱动电机产业整体呈现两极分化，但是总体趋势向好。图 9-14 和图 9-15 为该产业链环节部分技术的安全评估情况。

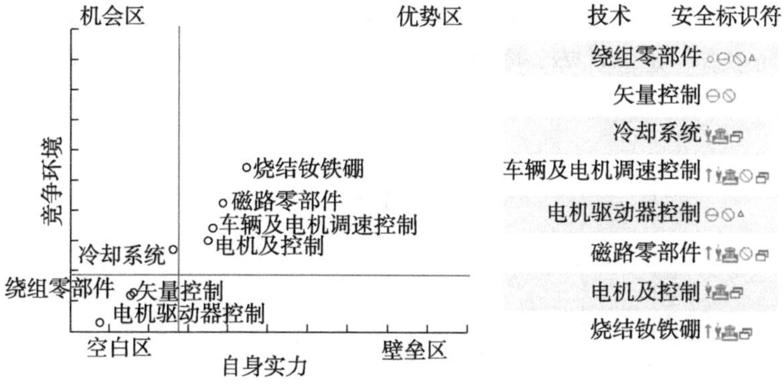

图 9-14　我国驱动电机产业链安全象限评估及安全标识符

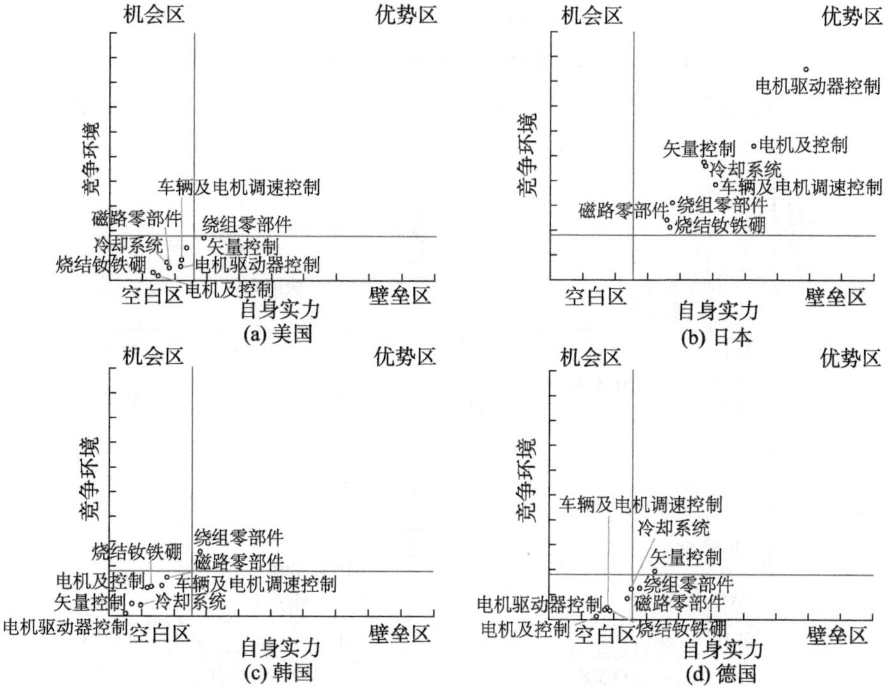

图 9-15　其他国家驱动电机产业链安全象限评估

（1）我国驱动电机产业大部分安全可控，烧结钕铁硼、磁路零部件等核心技术在国际竞争格局中具有一定的优势，而矢量控制、绕组零部件和电机驱动器控制技术处于技术空白区。建议针对技术空白点重点布局项目和资金，并加强优势技术的研发和创新。

（2）整体上，在驱动电机产业的大国竞争格局中，我国和日本已形成第一梯队的技术强国，超过了美国、韩国和德国的驱动电机发展。日本不存在技术短板，值得我国警惕。

6）充电技术

我国新能源汽车充电产业整体稳中向好，基本安全可控，全部核心技术在国际竞争格局中有一定的优势。图 9-16 和图 9-17 为该产业链环节部分技术的安全评估情况。

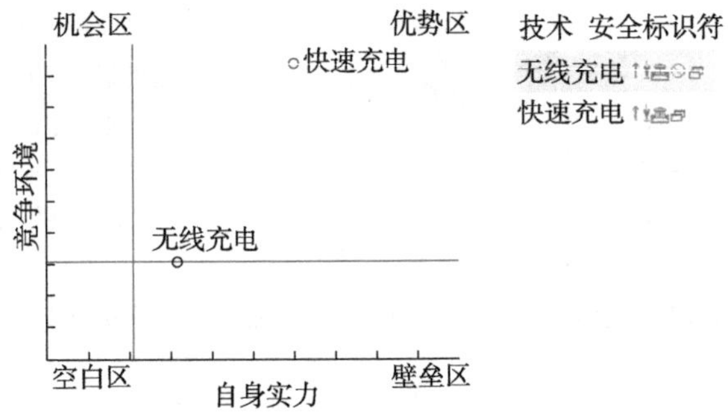

图 9-16 我国充电产业链安全象限评估及安全标识符

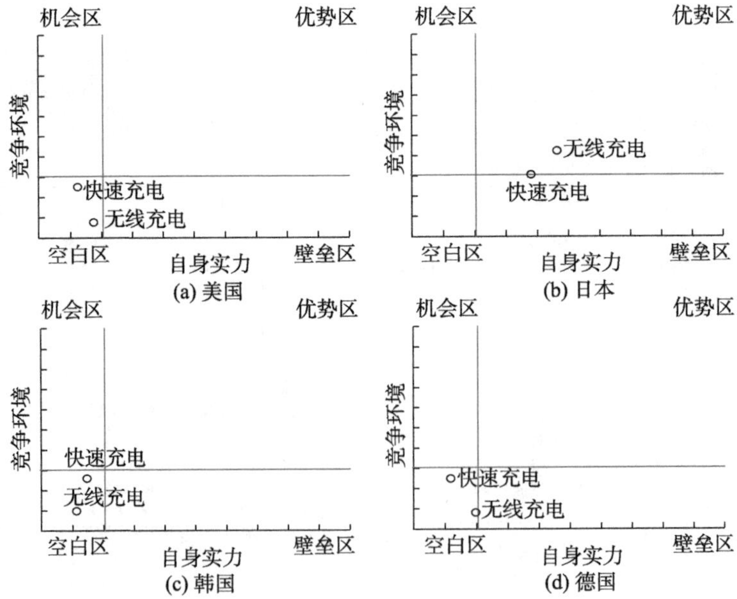

图 9-17 各国充电产业链安全象限评估

整体上，在新能源汽车充电产业的大国竞争格局中，我国和日本已形成第一梯队的技术强国。美国、韩国和德国的相关技术处于第二梯队水平。

7）汽车电子

我国新能源汽车电子技术基本安全可控，在国际竞争格局中有一定的优势。图 9-18 和图 9-19 为该产业链环节部分技术的安全评估情况。

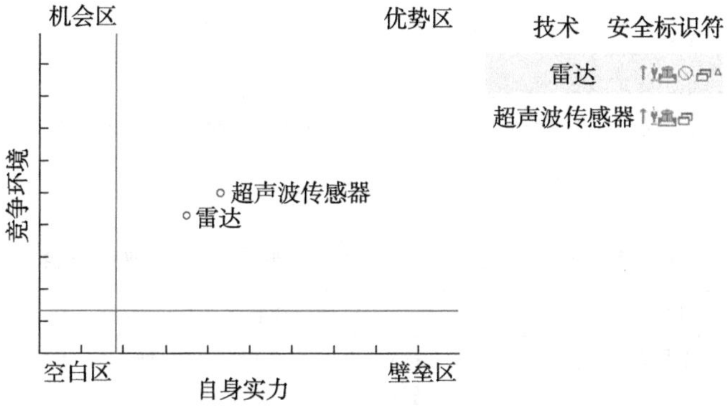

图 9-18　我国汽车电子产业链安全象限评估及安全标识符

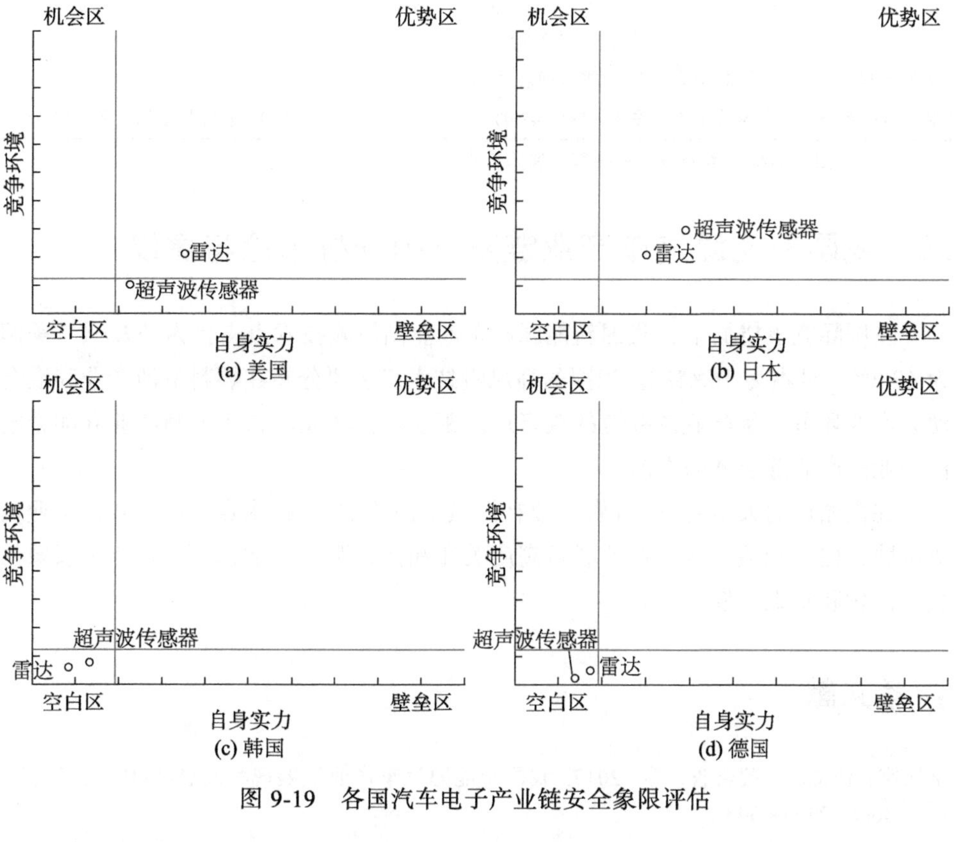

图 9-19　各国汽车电子产业链安全象限评估

整体上，在新能源汽车电子产业的大国竞争格局中，我国和日本已形成第一梯队的技术强国。美国、韩国和德国的相关技术处于第二梯队水平。

2. 内循环视角下我国新能源汽车产业链安全评价

随着我国市场对外国资本的开放，国外企业、组织和个人等创新主体通过专利技术保护的形式抢占市场，在一定程度上对我国的技术创新产生了抑制效果。在内循环的大格局下，外资企业已经在我国布局的技术保护，将会是国内产业链发展的关键堵点。

我国创新主体对国内新能源汽车技术专利市场的自主掌控率不足 50%的中风险产业技术点有 23 个，部分风险节点如表 9-2 所示。

表 9-2　内循环的大格局下我国新能源汽车产业链安全

产业链环节	风险类型	部分产业技术（国内专利占比）
动力电池系统	中风险节点	固态电池（33.0%）、负极材料（27.8%）、电解液（26.2%）、多孔电极（21.9%）
燃料电池技术	中风险节点	双极板技术（37.1%）、电堆的辅助零件（34.6%）、燃料电池技术（33.2%）、燃料电池材料及制造（16.8%）、氢气的制备（16.6%）
混合动力系统	中风险节点	离合控制（33.5%）、液压系统（32.3%）、发动机（15.6%）、离合器（13.0%）
整车控制	中风险节点	制动能量回收（41.7%）
驱动电机系统	中风险节点	矢量控制（48.0%）、绕组零部件（42.6%）、电机驱动器控制（13.9%）

注：受限于篇幅，本表格仅列举部分风险节点

三、我国新能源汽车产业链安全的分析结论与建议

在国际竞争格局下，我国新能源汽车产业高风险技术点占比为 37.7%（美国为 67.2%，日本为 16.4%）。我国的高风险技术点主要分布在燃料电池产业和混合动力产业环节，是产业链补链的攻坚点。驱动电机产业、整车控制产业和动力电池产业是产业链强链的方向。

在内循环的大格局下，外资企业在镍氢电池等 23 个技术点布局对我国企业构成威胁，建议相关企业及产业联盟高度关注和持续跟踪评估，并加强相关领域的技术研发和知识产权保护。

参考文献

李振宇，任文坡，黄格省，等. 2017. 我国新能源汽车产业发展现状及思考[J]. 化工进展，36(7): 2337-2343.

欧阳明高. 2016. 中国新能源汽车的研发及展望[J]. 科技导报, 34(6): 13-20.
王博, 刘则渊, 刘盛博. 2020. 我国新能源汽车产业技术标准演进路径研究[J]. 科研管理, 41(3): 12-22.
王静宇, 刘颖琦, Kokko A. 2016. 基于专利信息的中国新能源汽车产业技术创新研究[J]. 情报杂志, 35(1): 32-38.
谢志明, 张媛, 贺正楚, 等. 2015. 新能源汽车产业专利趋势分析[J]. 中国软科学, (9): 127-141.
张路蓬, 薛澜, 周源, 等. 2018. 战略性新兴产业创新网络的演化机理分析——基于中国2000—2015年新能源汽车产业的实证[J]. 科学学研究, 36(6): 1027-1035.

第十章

我国人工智能产业链安全评价

一、人工智能产业知识图谱

人工智能（artificial intelligence，AI）作为当前重要的使能技术之一（Lyu，2020），正在深刻改变着人们的生活、环境、医疗、教育等。人工智能的产业知识图谱主要按照其应用领域进行产业技术层级构建，如表 10-1 所示，具体包括人工智能芯片和机器学习两个通用技术，以及计算机视觉、语音处理和自然语言处理三个应用技术。

表 10-1　人工智能产业链技术层级体系

二级技术	三级技术数量/个	三级技术示例
人工智能芯片	11	类脑芯片、图形处理器、数据中心专用处理器、张量处理器
机器学习	15	机器学习（通用）、神经网络、深度学习、生物启发式学习、分类和回归树、基于实例学习、潜在表示、逻辑和关系学习、多任务学习、概率图模型、强化学习、规则学习、有监督学习、支持向量机、无监督学习
自然语言处理	8	自然语言处理（通用）、人机对话、信息抽取、机器翻译、形态学、自然语言生成、语义学、情感分析
语音处理	5	语音识别、语音合成、讲话者识别、语音至语音、音位学
计算机视觉	6	增强现实、生物识别、场景理解、字符识别、目标跟踪、视频图像分割

在人工智能产业链技术层级的基础上，将人工智能产业相关的专利数据①映射到人工智能产业技术层级体系，通过抽取论文和专利的作者、机构等元数据，构建“产业技术-论文-专利-作者-发明人-机构-国家”等实体关联的人工智能产业知识图谱。

① 人工智能产业知识体系和专利数据复用课题组发表的研究（王燕鹏等，2021；张博等，2021a，2021b；吕璐成等，2021）。

二、双循环发展格局下我国人工智能产业链安全评价

1. 外循环视角下我国人工智能产业链安全评价

人工智能作为新一轮科技革命的重要驱动力，在我国科技战略的大力部署和发展下，我国人工智能产业在全球竞争的格局中总体处于稳步发展的态势。图10-1～图10-5为各主要产业链环节的安全评估情况。产业链的整体安全评估及建议如下。

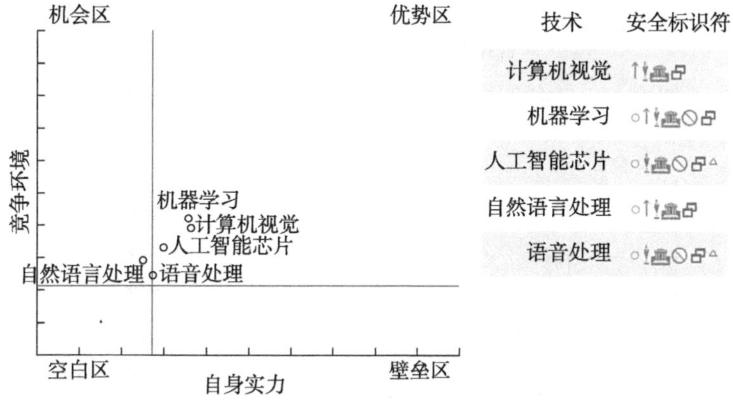

图 10-1　我国人工智能产业链安全象限评估及安全标识符

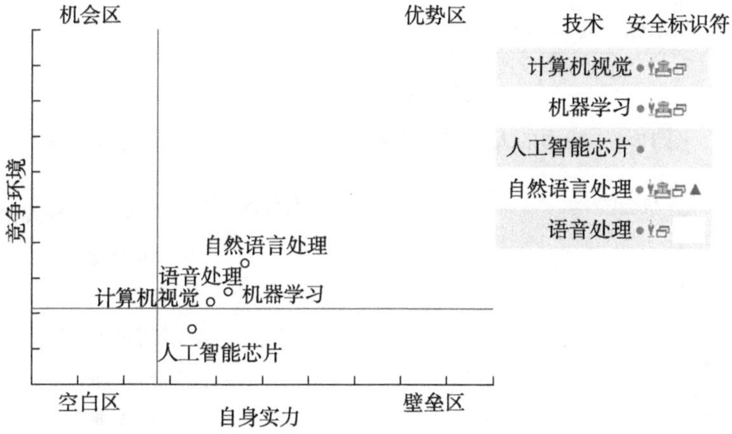

图 10-2　美国人工智能产业链安全象限评估及安全标识符

人工智能产业链的整体安全评估及建议如下。一是机器学习、计算机视觉、人工智能芯片和语音处理是我国的优势强项，是培育产业龙头的重点方向。建议政策和资本更精准地导向具备核心技术的企业，并提高行业标准门槛，加快相关标准的制定。二是在机器学习技术和自然语言处理技术环节，我国整体处于机会区，

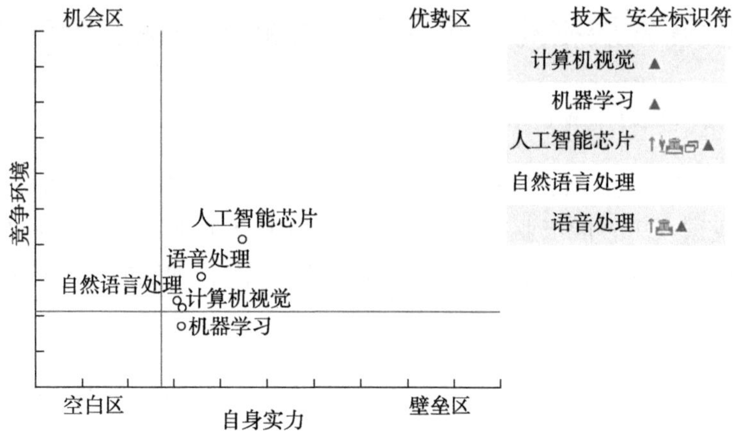

图 10-3　日本人工智能产业链安全象限评估及安全标识符

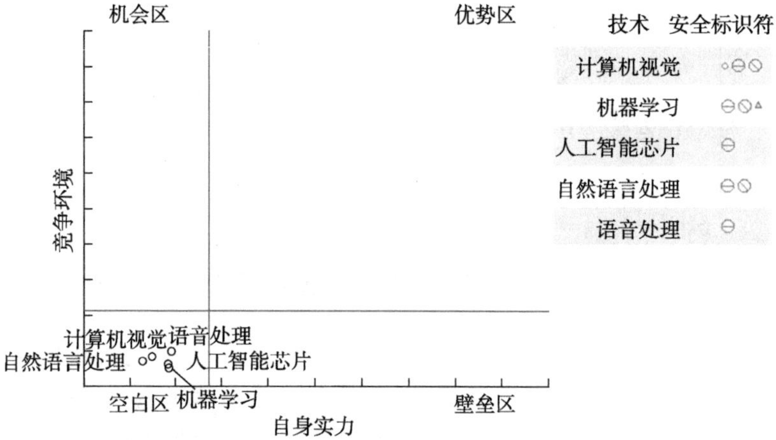

图 10-4　韩国的人工智能产业链安全象限评估及安全标识符

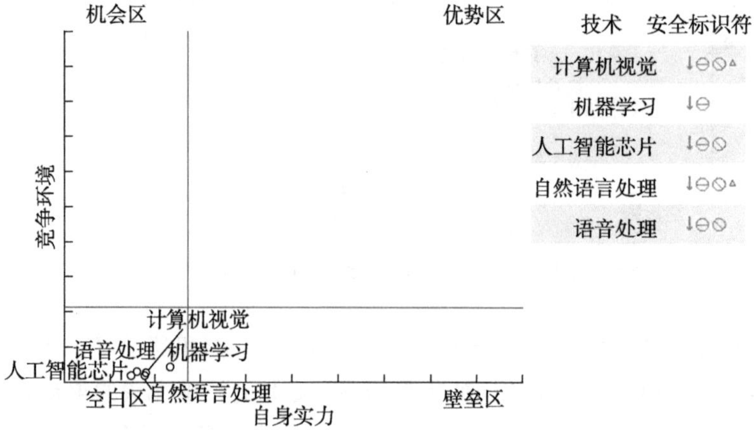

图 10-5　德国人工智能产业链安全象限评估及安全标识符

但是在寻求技术走出国门（国际化）方面还存在短板。建议进一步鼓励和激发优秀的创新主体，以知识产权方式保护创新成果。三是在人工智能芯片技术和语音处理技术环节，我国技术的储备薄弱，并且在寻求技术走出国门（国际化）方面也存在短板。建议通过政策引导创新企业以产学研的形式参与到技术创新研发，加快从技术创新到量产的进程。四是在人工智能产业的大国竞争格局中，我国和美国、日本的发展水平相当，而且与第二梯队的韩国和德国拉开了一个层次，形成了中国、美国、日本三足鼎立竞争的格局。中国、美国、日本的最强项分别是机器学习、自然语言处理和人工智能芯片。

利用知识图谱技术和大数据分析技术对人工智能产业中人工智能芯片、语音处理、自然语言处理、计算机视觉和机器学习产业分支进一步拆解分析，以下分别对各产业环节进行产业链安全评估①。

1）人工智能芯片

“数据、算法、算力”是驱动人工智能的三要素，其中，算力需要人工智能芯片的支撑，是国家安全和大公司争夺的主要阵地。我国的人工智能芯片产业发展呈两极分化。图 10-6～图 10-10 为该产业链环节部分技术的安全评估情况。

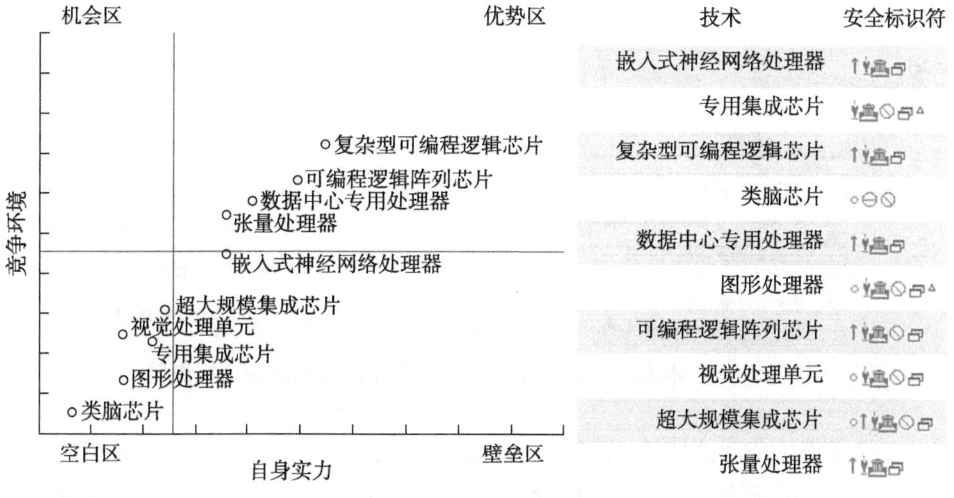

图 10-6　我国人工智能芯片产业链安全象限评估及安全标识符

（1）我国的复杂型可编程逻辑芯片、可编程逻辑阵列芯片、数据中心专用处理器和张量处理器技术有优势。主要依托我国庞大的消费电子市场、超级计算和云计算等新基础设施的建设，我国在这几个技术领域获得了技术积累，占据了一定的优势。

① 受限于篇幅，本章各产业链环节仅列举部分风险节点。

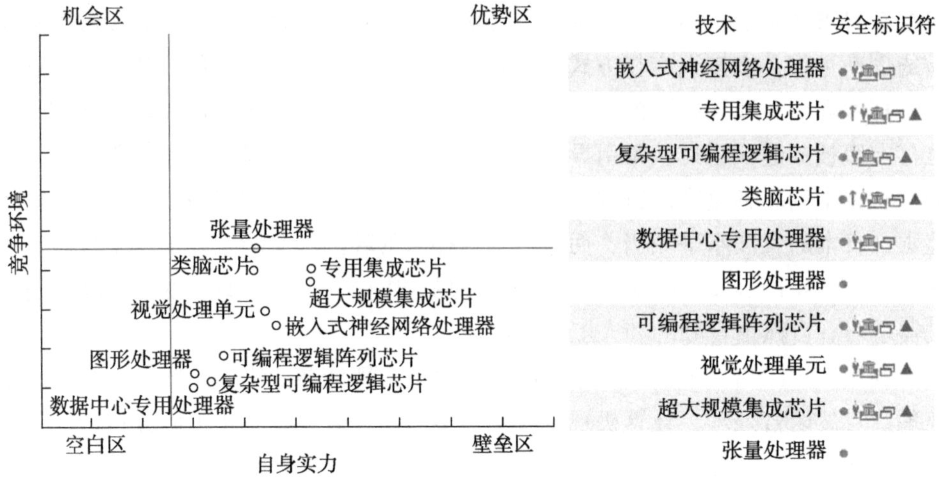

图 10-7　美国人工智能芯片产业链安全象限评估及安全标识符

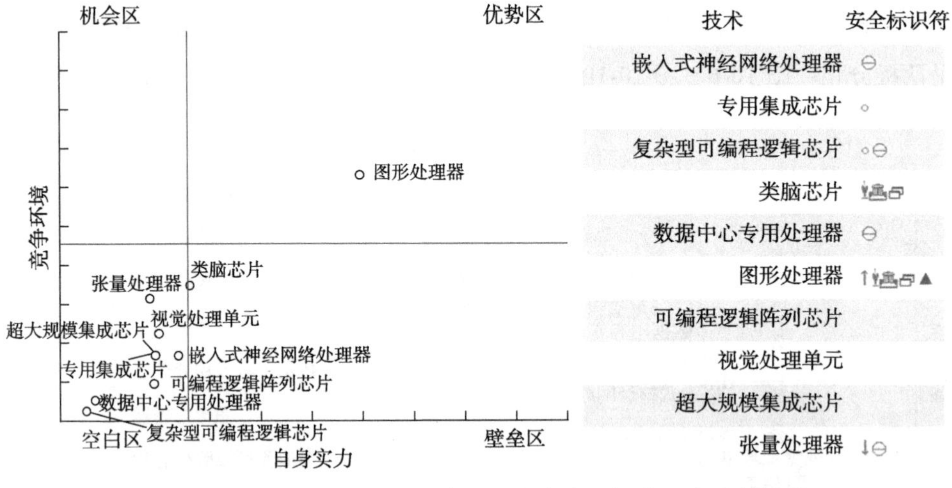

图 10-8　日本人工智能芯片产业链安全象限评估及安全标识符

（2）我国的超大规模集成芯片、视觉处理单元、专用集成芯片、图形处理器和类脑芯片基本还处于研发空白、被“卡脖子”的状态。芯片研发具有高投入、研发周期长和回报周期长等特点，尽管我国通过“核高基”等一批重大科技专项引导人工智能的产学研用创新生态已经形成，但是超大规模集成芯片和专用集成芯片仍然处于散而不强、产业前沿技术缺乏的形态。视觉处理单元、图形处理器和类脑芯片是专用集成芯片的特殊类型，是近两年深度学习的发展带动起来的硬件需求，但我国的产业和学术界未能敏锐地应对。建议基金资助进一步地完善合理布局和统筹规划，对于回报周期较长的产学研用生态建立长效跟踪评价机制和持续稳定支持机制。

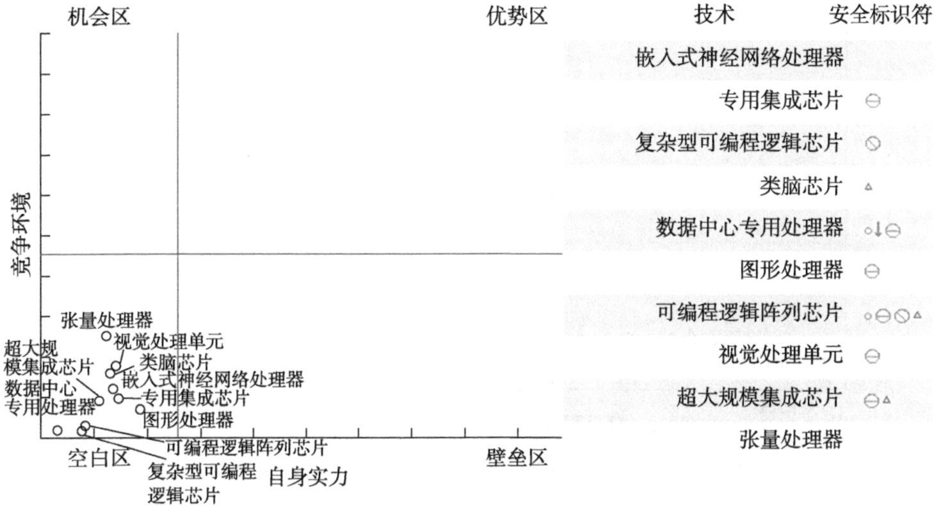

图 10-9 韩国的人工智能芯片产业链安全象限评估及安全标识符

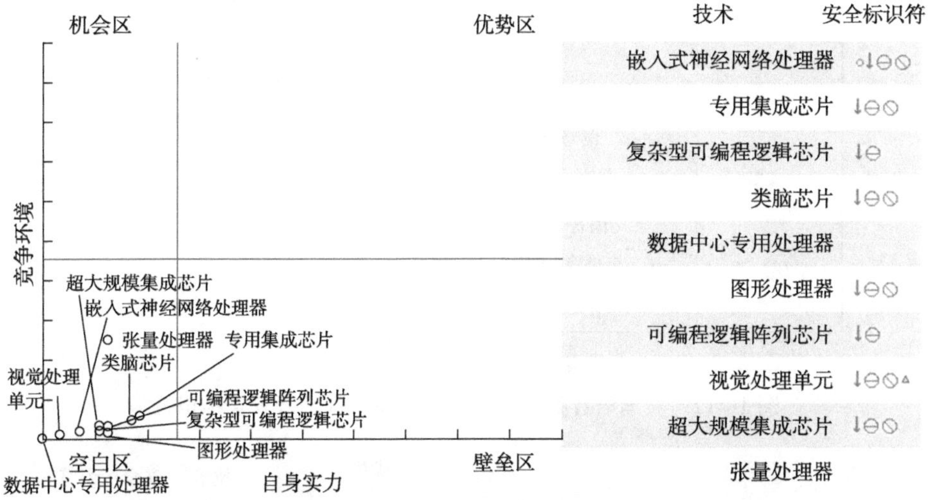

图 10-10 德国人工智能芯片产业链安全象限评估及安全标识符

（3）整体上，在人工智能芯片产业的大国竞争格局中，我国在复杂型可编程逻辑芯片、可编程逻辑阵列芯片、数据中心专用处理器技术领域已形成了领先美国、日本的优势。但是，美国在人工智能芯片产业不存在技术空白，并且在超大规模集成芯片、专用集成芯片等领域是牵制中国的唯一国家，值得警惕。日本的优势产业是图形处理器，也须警惕被“卡脖子”的可能性。

2）语音处理

语音处理主要落地人工智能助手、翻译和教育等场景。我国在语音处理领域缺乏“一技之长”，整体风险较高。图 10-11～图 10-15 为该产业链环节部分技术的安全评估情况。

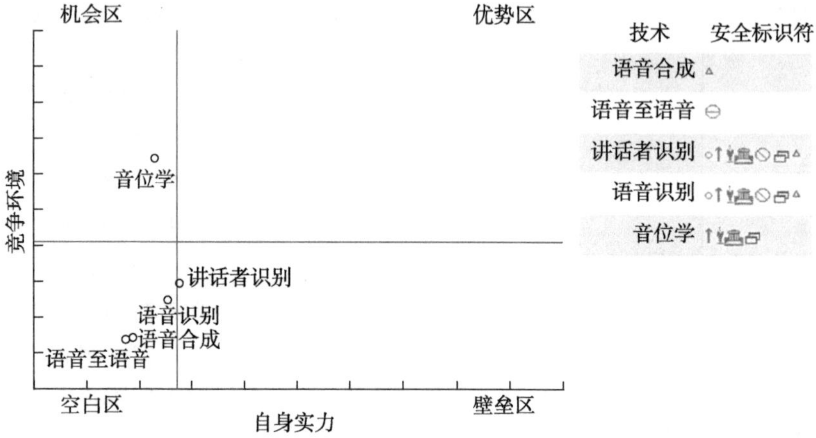

图 10-11 我国语音处理产业链安全象限评估及安全标识符

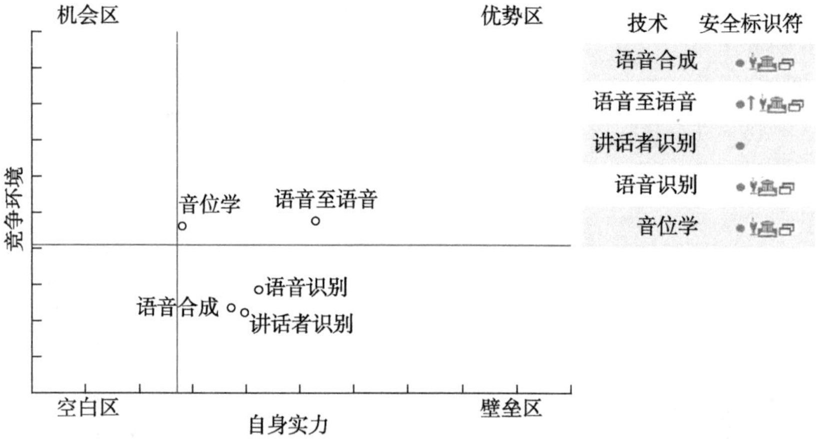

图 10-12 美国语音处理产业链安全象限评估及安全标识符

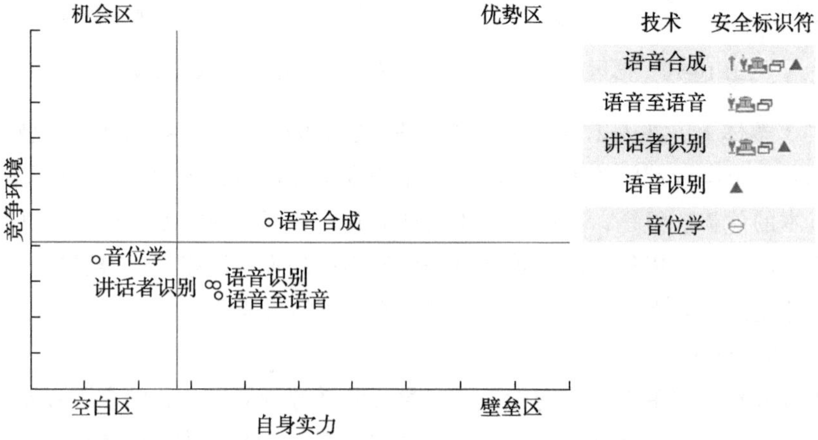

图 10-13 日本语音处理产业链安全象限评估及安全标识符

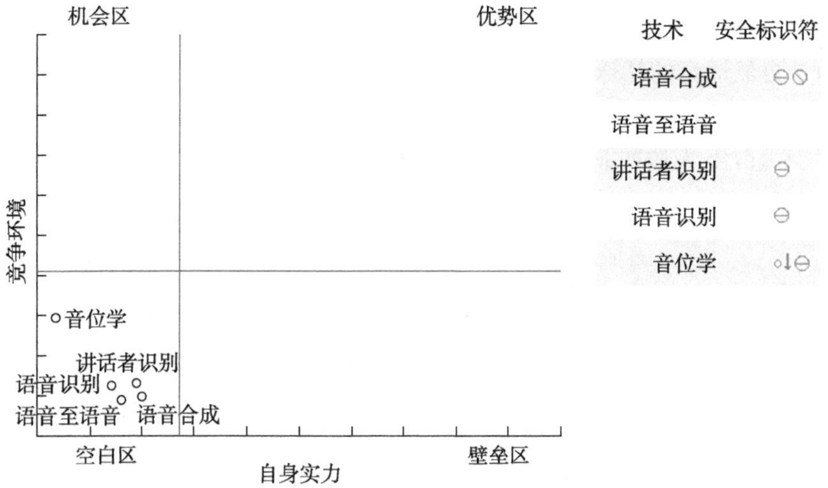

图 10-14 韩国语音处理产业链安全象限评估及安全标识符

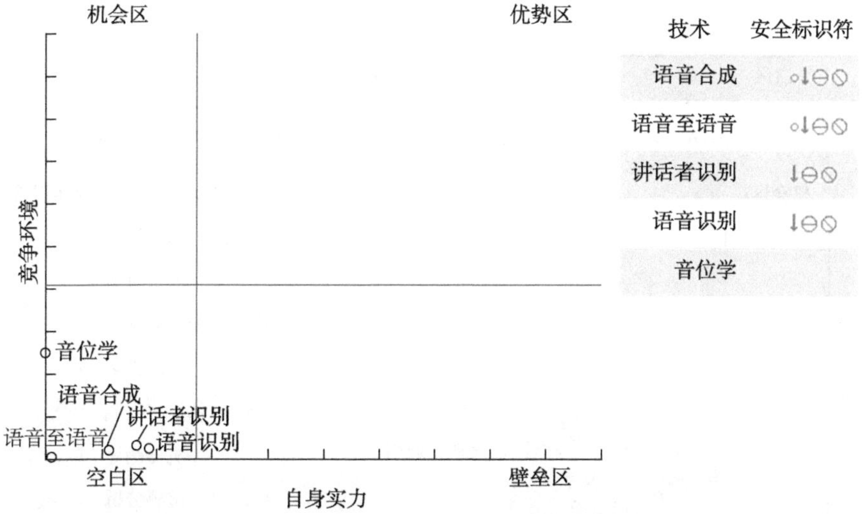

图 10-15 德国语音处理产业链安全象限评估及安全标识符

（1）我国仅在音位学技术领域处于相对有利的竞争地位，但是自身的技术实力并不强，存在一定的发展空间。

（2）我国在语音合成等主要的语音技术子技术领域，都处于技术空白区，产业风险高。建议行业龙头企业和独角兽企业注重提升技术在国际环境中的竞争力。

（3）整体上，在语音处理产业的大国竞争格局中，我国整体处于高风险的状态，技术优势被美国和日本牢牢把控。美国的技术优势是音位学和语音至语音，日本的技术优势是语音合成。我国语音处理产业应积极谋划应对，寻求技术创新突破。

3）自然语言处理

由于自然语言的特殊性，不同国家针对不同类型的语言进行了技术攻关。自然语言的相关技术也主要落地人工智能客服、大规模文本的理解与处理。图10-16～图10-20为该产业链环节部分技术的安全评估情况。

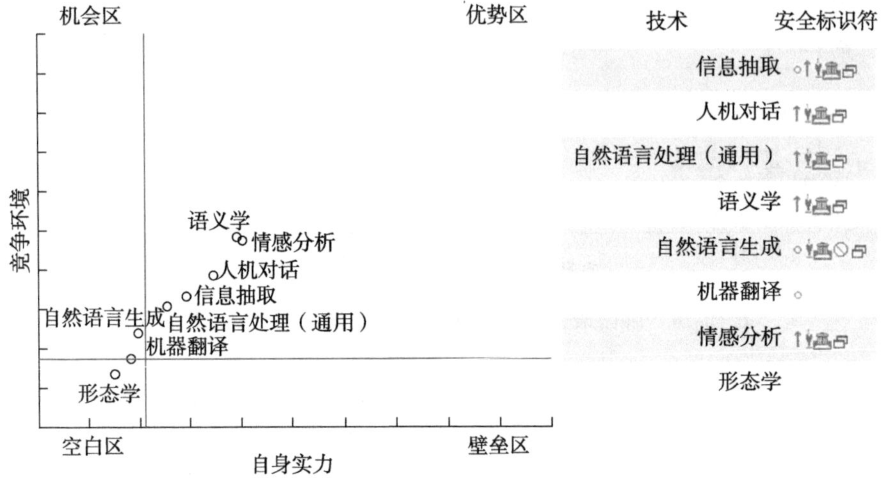

图 10-16　我国自然语言处理产业链安全象限评估及安全标识符

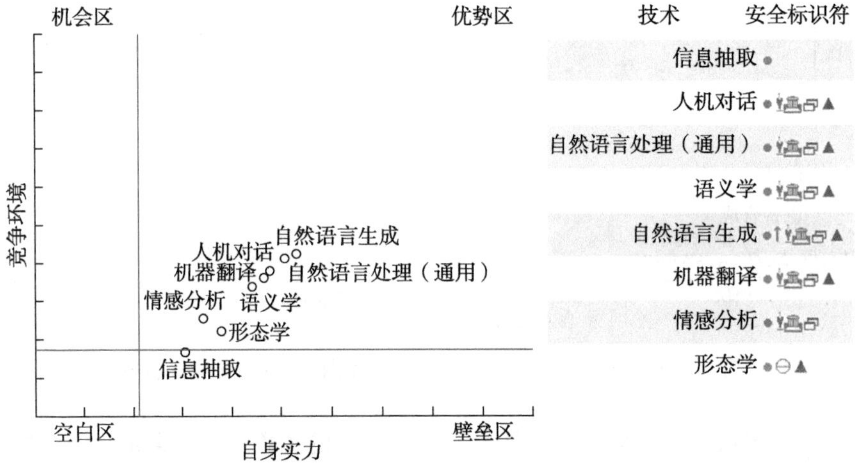

图 10-17　美国自然语言处理产业链安全象限评估及安全标识符

（1）我国自然语言处理产业总体安全可控，并且大部分核心技术在国际竞争格局中有一定的优势，仅形态学处于技术空白区。建议在该技术空白点重点布局项目和资金。

（2）整体上，在自然语言处理产业的大国竞争格局中，我国与美国和日本已形成第一梯队的技术强国。日本的技术短板是语义学和人机对话，而美国没有技术空白。我国仍须进一步赶超。

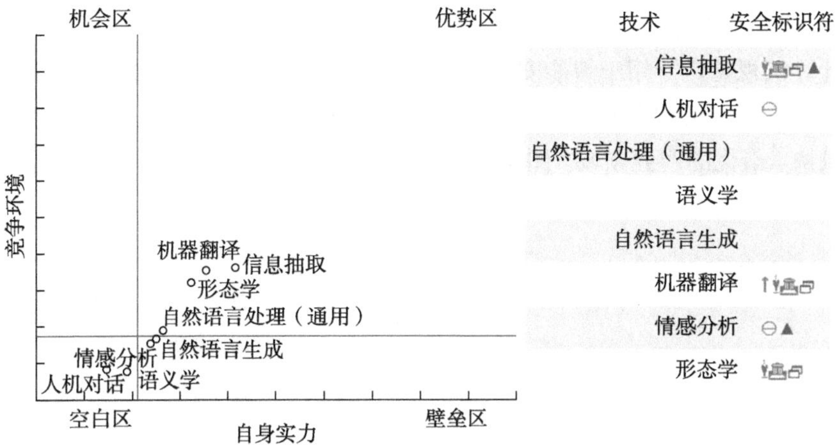

图 10-18　日本自然语言处理产业链安全象限评估及安全标识符

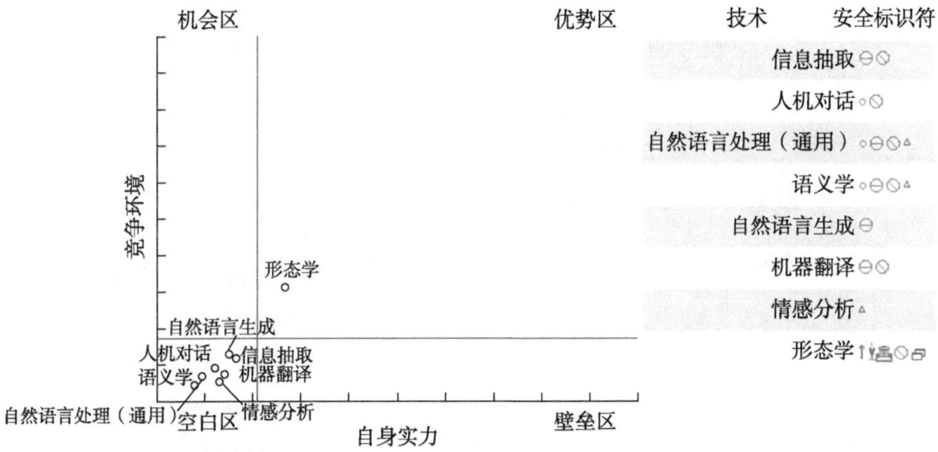

图 10-19　韩国自然语言处理产业链安全象限评估及安全标识符

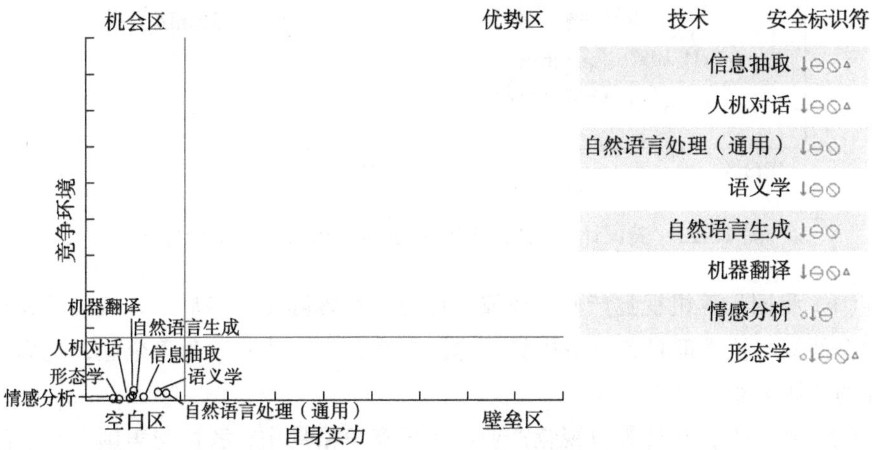

图 10-20　德国自然语言处理产业链安全象限评估及安全标识符

4）计算机视觉

计算机视觉广泛用于智能安防、身份认证领域，得益于我国广大的消费市场和我国对计算机视觉产业的研发投入，我国的计算机视觉产业是人工智能产业中发展最快、最优的产业领域。图 10-21～图 10-25 为该产业链环节部分技术的安全评估情况。

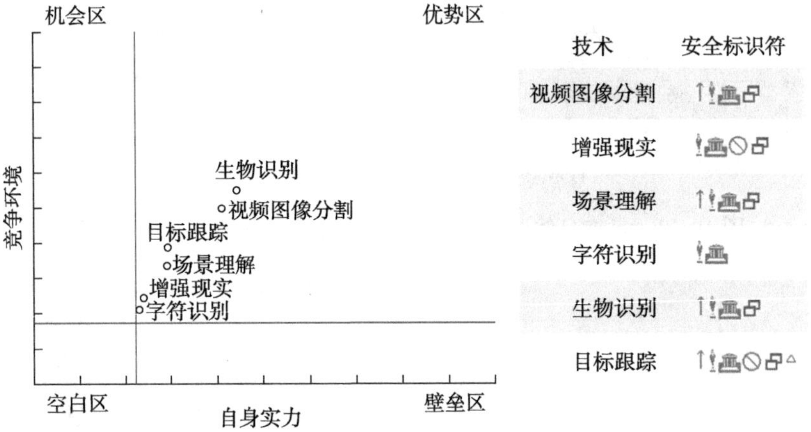

图 10-21　我国计算机视觉产业链安全象限评估及安全标识符

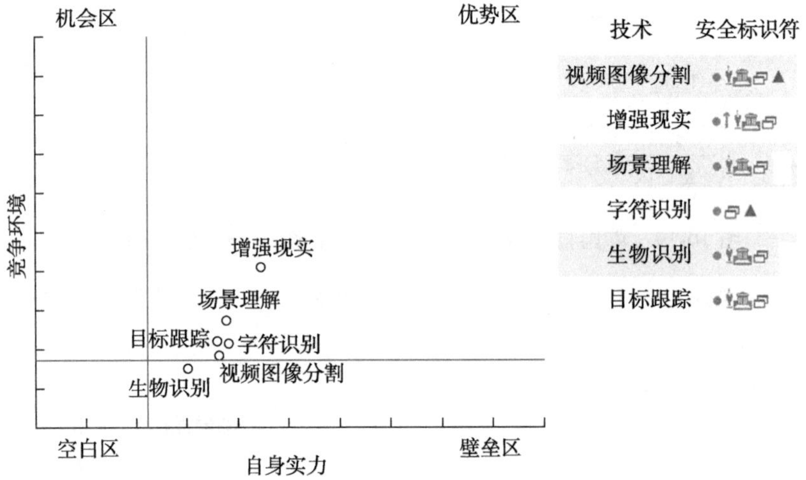

图 10-22　美国计算机视觉产业链安全象限评估及安全标识符

（1）我国计算机视觉产业总体安全可控，在国际竞争格局中，我国计算机视觉的全部核心技术都具备竞争优势。建议围绕龙头企业和独角兽企业，配套自主可控的产业生态。

（2）整体上，在计算机视觉产业的大国竞争格局中，我国与美国和日本已形成第一梯队的技术强国。我国的优势待进一步加强。

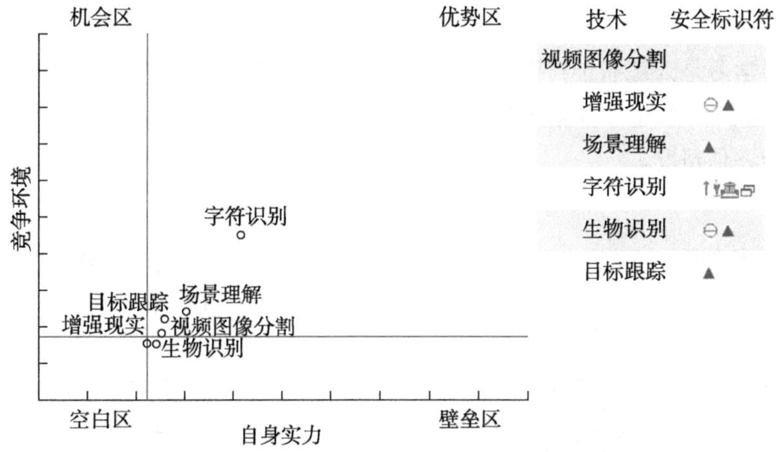

图 10-23 日本计算机视觉产业链安全象限评估及安全标识符

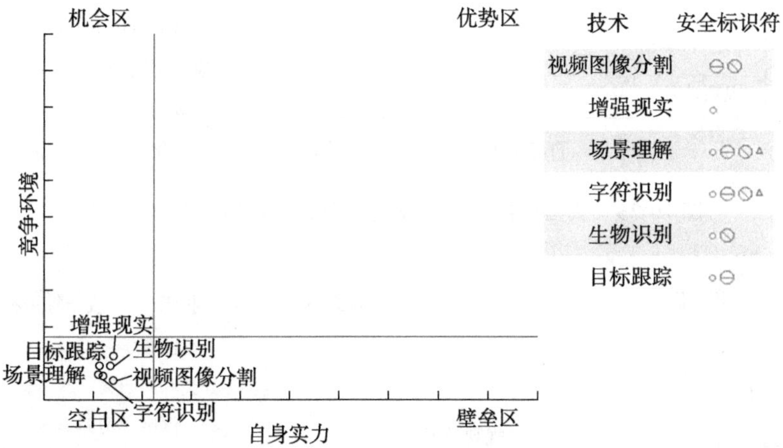

图 10-24 韩国计算机视觉产业链安全象限评估及安全标识符

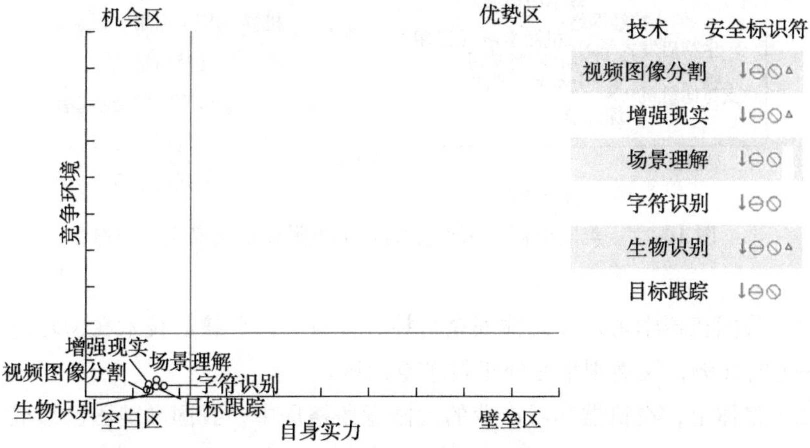

图 10-25 德国计算机视觉产业链安全象限评估及安全标识符

5）机器学习

机器学习是人工智能产业的基础共性技术。机器学习主要落地各种“AI+”，如 AI 农业、AI 医疗等智能服务场景。图 10-26～图 10-30 为该产业链环节部分技术的安全评估情况。

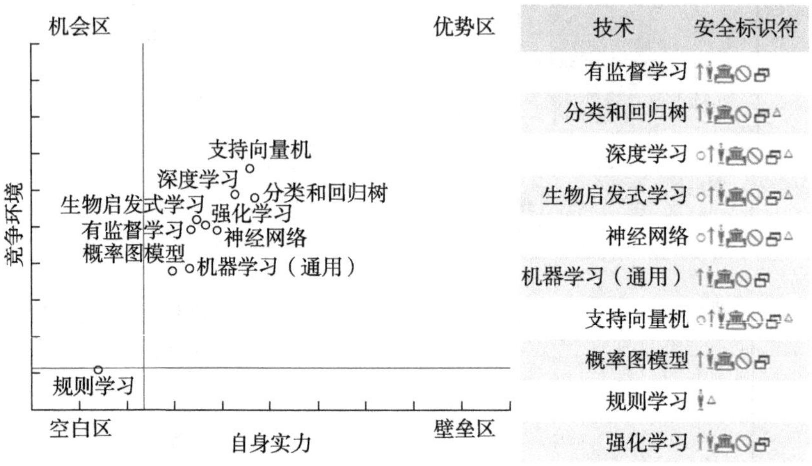

图 10-26　我国机器学习产业链安全象限评估及安全标识符

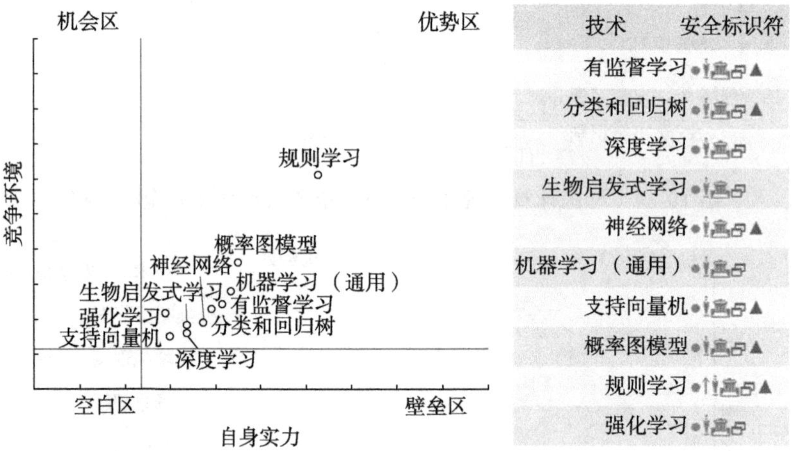

图 10-27　美国机器学习产业链安全象限评估及安全标识符

（1）我国机器学习产业总体安全可控，并且大部分核心技术在国际竞争格局中有一定的优势，仅规则学习处于技术空白区。

（2）整体上，在机器学习产业的大国竞争格局中，我国和美国已形成第一梯队的技术强国，而美国最强的技术是规则学习，对中国存在威胁。

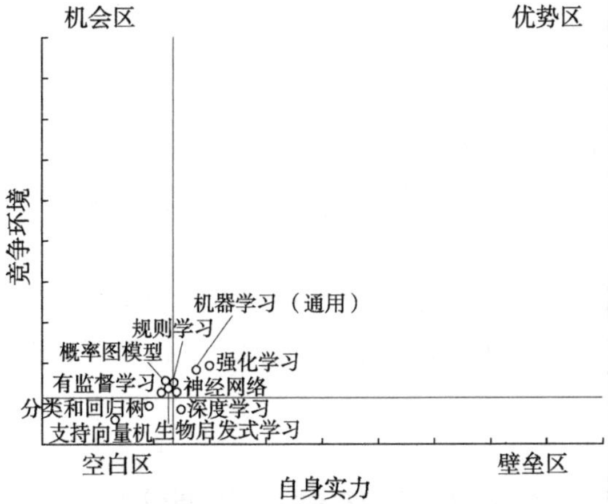

技术	安全标识符
有监督学习	
分类和回归树	
深度学习	⊖▲
生物启发式学习	▲
神经网络	
机器学习（通用）	▲
支持向量机	⊖
概率图模型	
规则学习	[illegible]
强化学习	▲

图 10-28 日本机器学习产业链安全象限评估及安全标识符

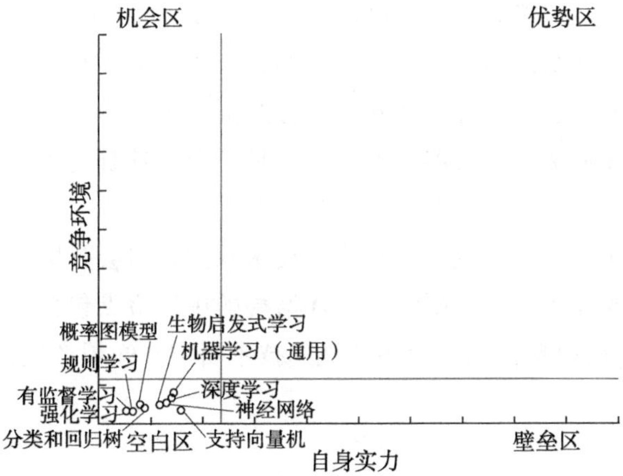

技术	安全标识符
有监督学习	○⊖⊘
分类和回归树	○⊖
深度学习	⊘
生物启发式学习	⊖
神经网络	⊖
机器学习（通用）	○⊖⊘△
支持向量机	
概率图模型	○⊖⊘△
规则学习	○⊖⊘
强化学习	○⊖⊘

图 10-29 韩国机器学习产业链安全象限评估及安全标识符

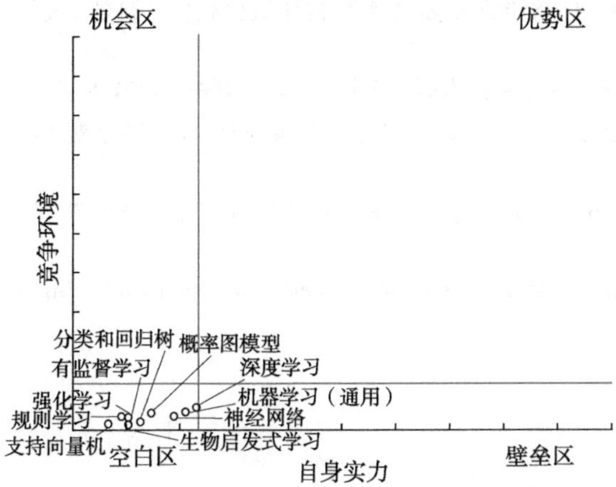

技术	安全标识符
有监督学习	↓⊖△
分类和回归树	↓⊖⊘
深度学习	↓⊖
生物启发式学习	↓⊖⊘
神经网络	↓⊖⊘
机器学习（通用）	↓⊖
支持向量机	↓⊖
概率图模型	↓⊖
规则学习	↓⊖
强化学习	↓⊖

图 10-30 德国机器学习产业链安全象限评估及安全标识符

2. 内循环视角下我国人工智能产业链安全评价

随着我国市场对外国资本的开放，国外企业、组织和个人等创新主体通过专利技术保护的形式抢占市场，在一定程度上对我国的技术创新造成压制。在内循环的大格局下，外资企业已经在我国布局的技术保护将会是国内产业链发展的关键堵点。

我国创新主体对国内人工智能技术市场的自主掌控率不足 50%的风险产业技术点有 1 个，为类脑芯片技术，我国的掌控率仅为 34.5%，在内循环的格局下产业风险较高。

三、我国人工智能产业链安全的分析结论与建议

在国际竞争格局下，我国人工智能产业高风险技术点占比为 22.7%（美国为 2.27%，日本为 54.5%）。我国的高风险技术点主要分布在人工智能芯片产业和语音处理产业环节。超大规模集成芯片等芯片技术、语音至语音等语音处理技术、形态学自然语言处理技术、规则学习和机器学习技术，是产业链补链的攻坚点。计算机视觉、自然语言处理和机器学习是产业链强链的方向。

在内循环的大格局下，外资企业对我国已布局的技术保护，将会是国内产业链发展的关键堵点。在人工智能产业中，影响大循环格局的中风险点包括“类脑芯片”1 个。建议国内企业和科研单位加强上述领域的技术研发和知识产权保护。

参考文献

吕璐成，张博，王燕鹏，等．2021．自然语言处理全球专利计量分析[J]．科学观察，16(2): 84-95.

王燕鹏，吕璐成，张博，等. 2021. AI 芯片专利技术研发态势[J]. 科学观察，16(2): 57-71.

张博，吕璐成，王燕鹏，等．2021a．语音处理全球专利计量分析[J]．科学观察，16(2): 96-106.

张博，吕璐成，王燕鹏，等．2021b．计算机视觉全球专利计量分析[J]．科学观察，16(2): 72-83.

Lyu Y G. 2020. Artificial intelligence: enabling technology to empower society[J]. Engineering, 6(3): 205-206.

第十一章

我国特种钢产业链安全评价

一、特种钢产业知识图谱

特种钢是高端装备制造的关键原材料。国家通过发布一系列新材料产业规划和指南，加快推进特种钢等新材料产业的发展。以“中国制造 2025”规划为依托平台，从制度和产业政策两个层面推动下游制造业创新进步。长期以来，我国的钢产品结构处于中低端，而特种钢依赖进口，亟待国产化。特种钢的产业知识图谱主要按照产品类型进行产业技术层级构建（表 11-1）。具体包括结构钢、工具钢、弹簧钢、轴承钢和不锈钢共五个二级技术。

表 11-1　特种钢产业链技术层级体系

二级技术	三级技术数量/个	三级技术示例	四级技术数量/个	四级技术示例
结构钢	11	碳素结构钢、合金结构钢	4	曲轴、变速箱齿轮
工具钢	3	碳素工具钢、合金工具钢、高速工具钢	5	钻头、切削工具
弹簧钢	0	—	0	—
轴承钢	0	—	0	—
不锈钢	0	—	0	—

在特种钢产业链技术层级的基础上，将特种钢产业相关的专利数据映射到特种钢产业技术层级体系，通过抽取论文和专利的作者、机构等元数据，构建“产业技术-论文-专利-作者-发明人-机构-国家”等实体关联的特种钢产业知识图谱。

二、双循环视角下我国特种钢产业链安全评价

1. 外循环视角下我国特种钢产业链安全评价

我国特种钢产业在全球竞争的格局下，部分产业呈现稳中向优的总态势，部分产业技术竞争力不强。图 11-1～图 11-5 为各主要产业链环节的安全评估情况。

产业链的整体安全评估及建议如下。一是轴承钢和不锈钢产业是我国的优势强项，是培育产业龙头的重点方向。建议政策和资本更精准地导向具备核心技术的企业，并提高行业标准门槛，避免出现不良商业竞争格局。我国在工具钢、结构钢和弹簧钢产业方向技术薄弱，需要加大产业创新。二是在特种钢产业的大国竞争格局中，我国仅次于日本。相比美国，我国在不锈钢和轴承钢两个领域有优势。相比于日本，我国的高质量三方专利数量偏少，技术缺乏国际竞争力。

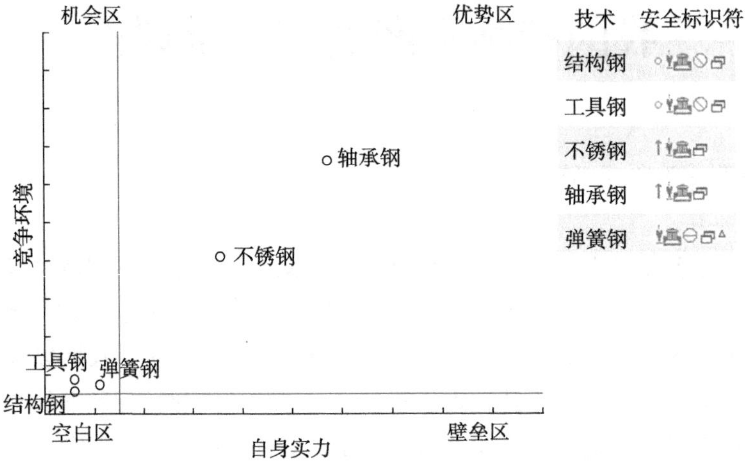

图 11-1　我国特种钢产业链安全象限评估及安全标识符

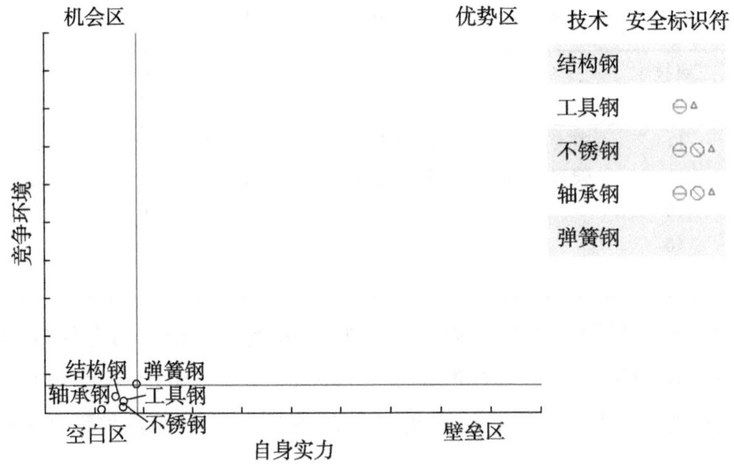

图 11-2　美国特种钢产业链安全象限评估及安全标识符

利用知识图谱技术和大数据分析技术对特种钢产业中的结构钢产业、工具钢产业和其他类型的特种钢产业分支做进一步拆解分析，以下分别对各产业环节进行产业链安全分析与评估[①]。

① 受限于篇幅，本章各产业链环节仅列举部分风险节点。

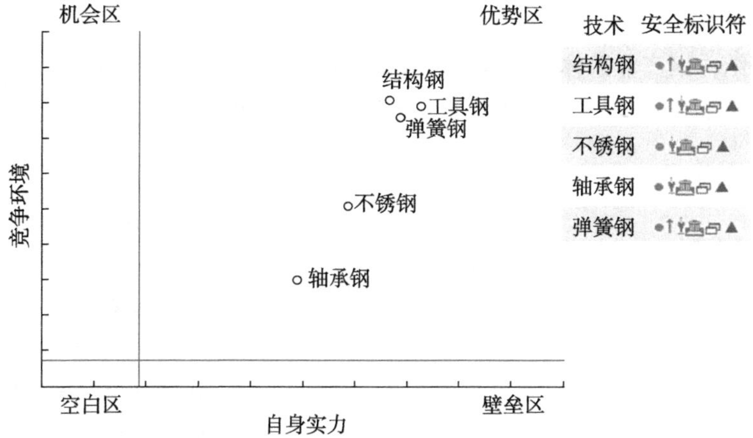

图 11-3　日本特种钢产业链安全象限评估及安全标识符

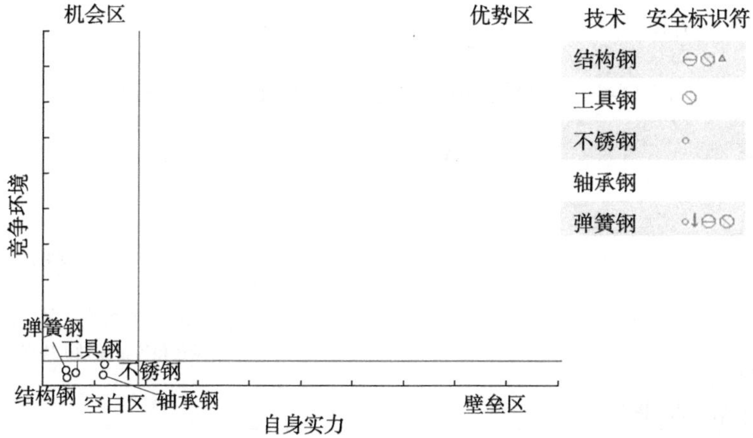

图 11-4　韩国特种钢产业链安全象限评估及安全标识符

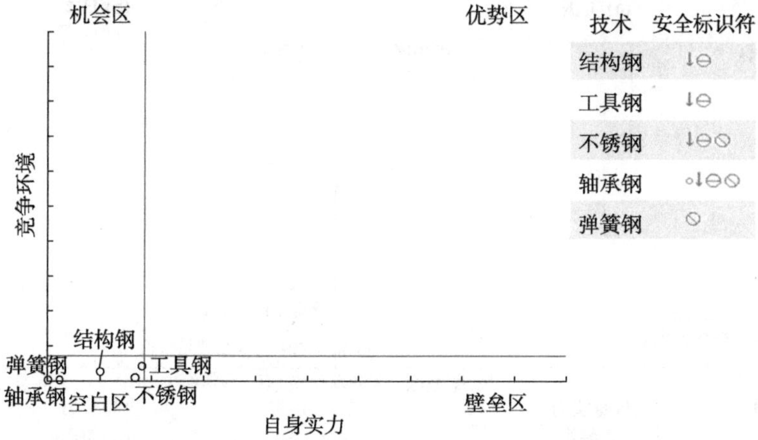

图 11-5　德国特种钢产业链安全象限评估及安全标识符

1）结构钢

我国结构钢产业总体发展较好，大部分技术都具备国际竞争优势。图 11-6 和图 11-7 为该产业链环节部分技术的安全评估情况。整体上，在结构钢产业的大国

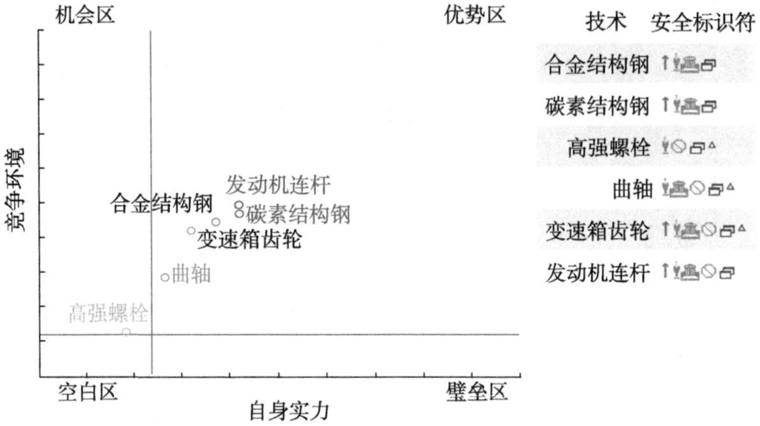

图 11-6　我国结构钢产业链安全象限评估及安全标识符

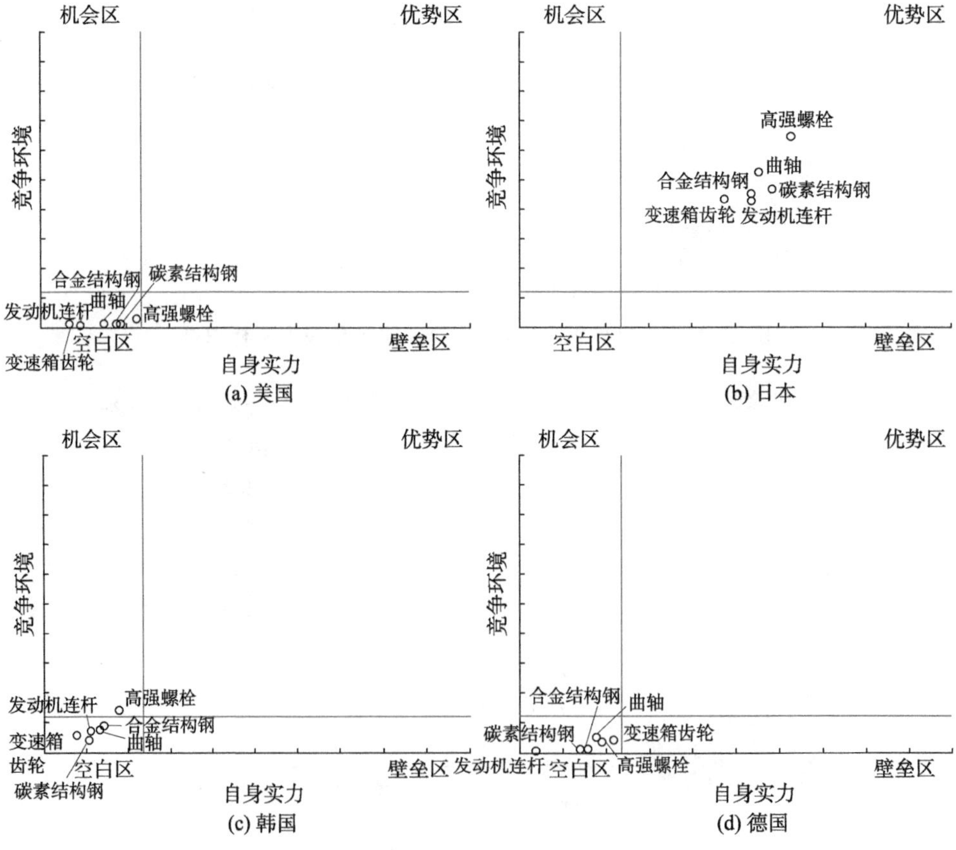

图 11-7　其他主要国家结构钢产业链安全象限评估

竞争格局中，我国仅次于日本，与美国、韩国和德国拉开了一个层级的差距。我国的发动机连杆、碳素结构钢等技术领域已经具备了一定的国际竞争力，高强螺栓技术实力不强。

2）工具钢

我国工具钢产业总体发展较好，大部分技术都具备国际竞争优势。图 11-8 和图 11-9 为该产业链环节部分技术的安全评估情况。整体上，在工具钢产业的大国

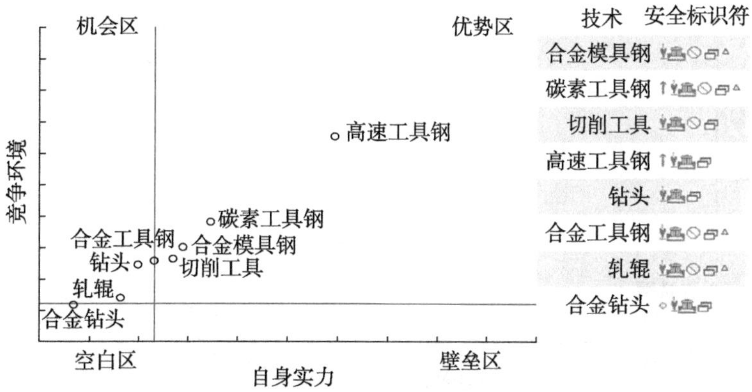

图 11-8　我国工具钢产业链安全象限评估及安全标识符

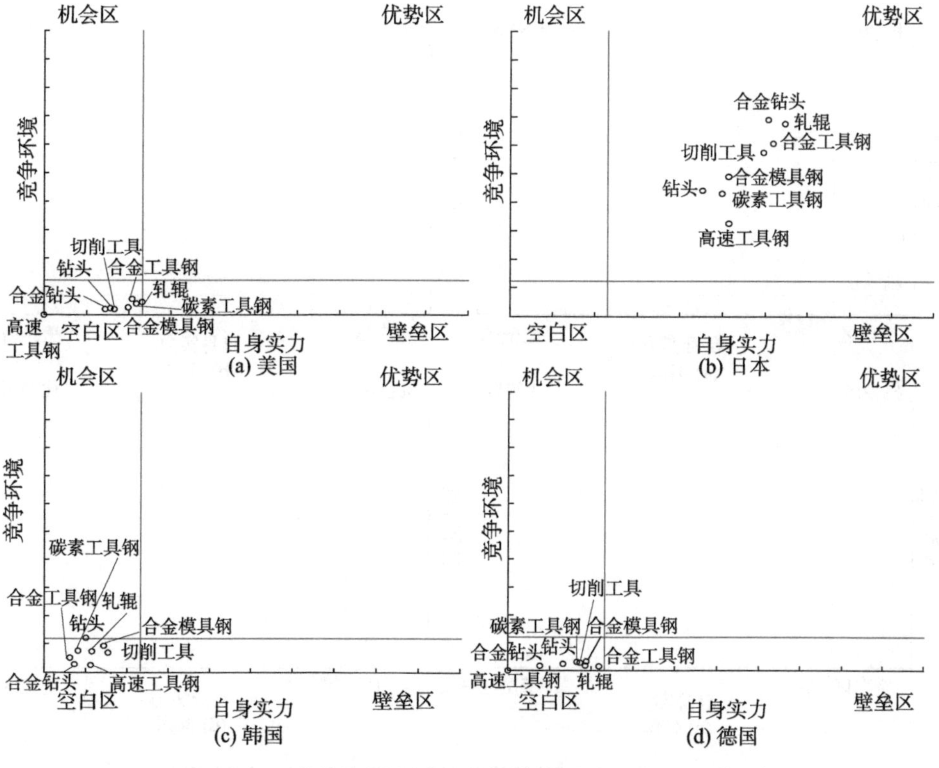

图 11-9　其他主要国家工具钢产业链安全象限评估

竞争格局中，我国的优势技术数量仅次于日本。我国在高速工具钢、碳素工具钢等技术领域已经具备了一定的国际竞争力，但合金钻头、轧辊技术实力不强。

3）其他类型特种钢

其他类型的钢主要包括不锈钢、轴承钢和弹簧钢。图 11-10 和图 11-11 为该产

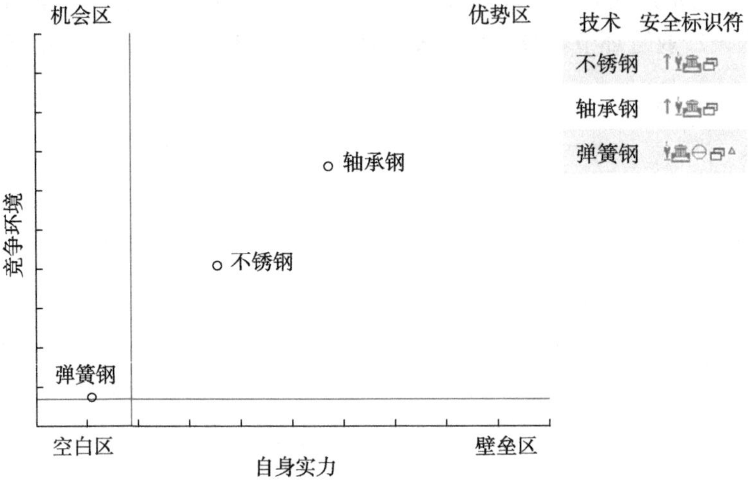

图 11-10 我国其他类型特种钢产业链安全象限评估及安全标识符

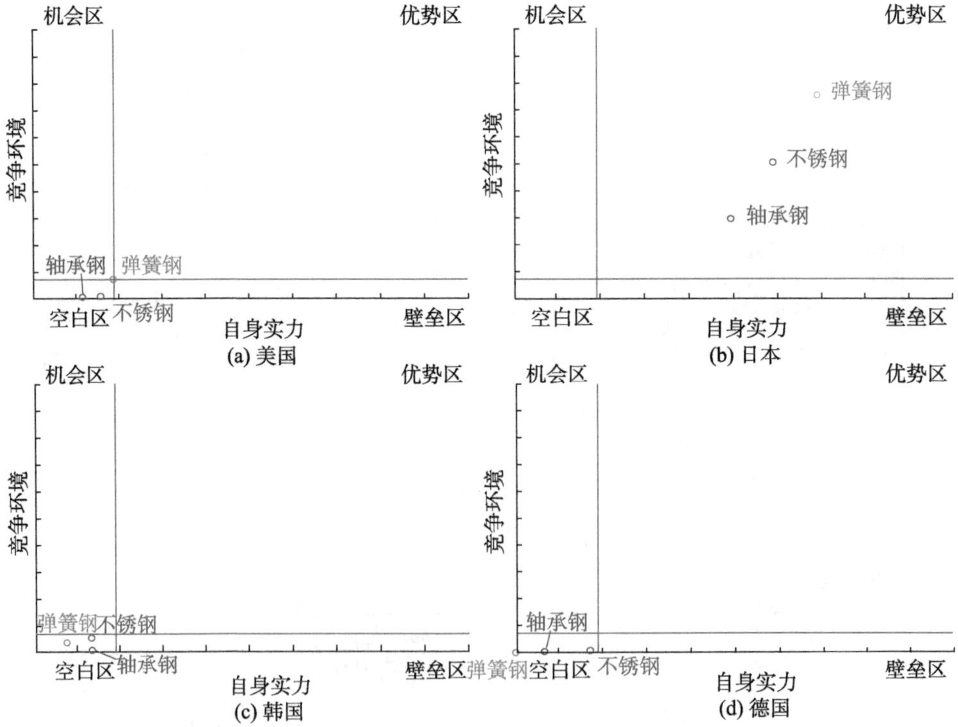

图 11-11 其他国家其他类型特种钢产业链安全象限评估

业链环节部分技术的安全评估情况。整体上，在轴承钢等类型的特种钢的大国竞争格局中，我国和日本已形成第一梯队的技术强国，也与美国、韩国和德国拉开了一个层级的差距。轴承钢产业、不锈钢产业已经具备了一定的国际竞争力，而弹簧钢产业实力不强，需要重点研发突破。

2. 内循环视角下我国特种钢产业链安全评价

随着我国市场对外国资本的开放，国外企业、组织和个人等创新主体通过专利技术保护的形式抢占市场，在一定程度上对我国的技术创新造成压制。在内循环的大格局下，外资企业已经在我国布局的技术保护将会是国内产业链发展的关键堵点。

我国创新主体对国内特种钢技术市场的自主掌控率不足 50%的中风险产业技术点为弹簧钢。建议尽快组织国内优势研发力量进行重点攻关，突破高风险技术难关，对于中风险技术节点组织部署专项强链项目。

三、我国特种钢产业链安全的分析结论与建议

在国际竞争格局下，我国特种钢产业总体安全可控，在弹簧钢、高强螺栓、合金钻头和轧辊技术领域，建议相关企业进一步加强研发布局。在内循环的大格局下，外资企业在我国已布局的技术保护将会是国内产业链发展的关键堵点。在特种钢产业中，影响内循环格局的中风险点为弹簧钢，建议相关企业注重研发突破及知识产权保护。

参考文献

蔡燮鳌. 2009. 中国特殊钢现状及发展战略的思考[J]. 中国冶金, 19(5): 10-12.

刘军, 王腊芳, 谢锐. 2011a. 中国钢铁产业国际竞争力对比研究——基于钢铁产业链的视角[J]. 湖南大学学报（社会科学版）, 25(3): 53-57.

刘军, 谢锐, 王腊芳. 2011b. 中国钢铁产业链各环节附加值的国际比较[J]. 财经理论与实践, 32(2): 115-119.

谢锐, 赖明勇, 刘冠宇, 等. 2011. 基于产业链视角的中国钢铁产业国际竞争力研究[J]. 湖南大学学报（自然科学版）, 38(8): 82-87.

钟维琼, 代涛, 李丹. 2018. 钢铁产业链全球物质流网络分析[J]. 中国矿业, 27(5): 61-65, 71.